漏《ろ》尽《じん》通《つう》力《りき》

現代的霊能力の極致

大川隆法
Ryuho Okawa

改訂・新版へのまえがき

約三十二年前、著者三十一歳の原著は、『太陽の法』『黄金の法』『永遠の法』の基本三部作に続いて書かれた。だが時代を超越《ちょうえつ》しすぎていたため、いったん絶版状態にしていた。

しかし、現今、高度な霊能力の諸相について語った書物は実に貴重《きちょう》であるので、改訂・新版として復刻すべきだと考えた。神聖な「霊言《れいげん》」を汚《けが》す者さえ出て来たことも理由の一つである。

伝統的な解釈では、漏尽通《ろじんつう》とは六大神通力《ろくだいじんつうりき》の一つで、煩悩《ぼんのう》を滅尽する力とされていた。「有漏《うろ》」「無漏《むろ》」という言葉もある。「漏《ろ》」とは、煩悩、欲望のことである。

しかし菩提樹《ぼだいじゅげ》下で釈尊は悟りと同時に「三明《さんみょう》」を得たとされている。その一つが

「漏尽」である。だが、その時、釈尊は断食《だんじき》を中断し、中道に入ることを決めている。そして村娘スジャーターの乳がゆのお布施《ふせ》を受けている。

つまりこの世的欲望を完全になくすことではなく、この世的欲望に振り回されることなく高度な霊能力を使いこなせることこそ、漏尽通であり、「世間解《せけんげ》」という立場、「智慧《ちえ》」の立場とも両立すると考えられる。これは本来の仏陀による新説である。新刊に際し、原著を講義した、第7章も追加したことを附記《ふき》しておく。

二〇二〇年　四月十日

幸福《こうふく》の科学《かがく》グループ創始者兼総裁《そうししゃけんそうさい》　大川隆法《おおかわりゅうほう》

まえがき

本書『漏尽通力』は、霊能力の諸相をふまえながら、現代的霊能力の極致、窮極の霊能者の姿とは何かを説き明かした理論書です。釈迦には六大神通力がありましたが、人類史上、他の宗教者と比較しても、最大の霊能力だと目されるのがこの漏尽通力です。伝統的には欲望を滅尽させる能力ですが、入滅のすすめと、とられかねません。私としては、錆《さび》をつくらず光り、かつ、切れ味のよい日本刀のような、生き通しの霊的生活を生きる能力だと思います。

すなわち、巨大な霊能者でありながら、通常人と全くかわらない生活をし、「平凡のなかの非凡」を実践してゆく能力です。

現代人にとっての「悟り」とは何かを考えてゆく際にも、この漏尽通力のあり方は、まさに黄金の鍵の役割を果たすものと思われます。この点からも、本書は真理探究者にとっては必読の一書となることでしょう。

一九八八年　三月

幸福《こうふく》の科学《かがく》グループ創始者兼総裁《そうししゃけんそうさい》　大川隆法《おおかわりゅうほう》

漏尽通力　目次

第2章　霊的現象論

第3章　霊能力の諸相

第4章　漏尽通力《ろじんつうりき》

第7章 『漏尽通力』講義

一九八八年七月二十四日 説法《せっぽう》
東京都・幸福の科学研修ホールにて

第1章

霊《れい》的《てき》人生観

1　人生の転機

人間は、それぞれに「自分の生きがい」というものを探究して生きているわけですが、その人生の途上《とじょう》において、さまざまな転機に見舞《みま》われることとなります。そうした場合のいちばん大きな転機として、やはり、「宗教的出会い」というものが待ち構えているように思います。宗教的出会いとはいったい何かというと、「この世ならざるものとの接触《せっしょく》、遭遇《そうぐう》」ということです。

どんな人間であっても、必ずそういう時期は来るものです。

例えば、幼少時には、「病気をする」ということがあるかもしれません。あるいは、片親が亡《な》くなるとか、両親の別離《べつり》であるとか、こういうことがあるかもしれません。

小学校のときには、いじめに遭《あ》うとか、中学校のときには、クラブ活動で挫折《ざせつ》をするとか、高校進学のときには、進学で悩《なや》むとか、こういうことがあるかもしれないのです。

それから、高校卒業に当たっては、「就職の道を選ぶか、大学進学を選ぶか」で悩んだりしますし、大学に進学するにしても、「どの学校に行くのか」で悩んだりします。たいていの場合、第一志望のところにはなかなか行けなくて、自分の意図とは違《ちが》うところに進学していきます。

このほか、大学に入ってからも、なかなか学業についていけなかったり、留年あるいは中退をしたりすることもあります。

就職のときにもそうであって、進学のときと同じように、第一志望のところに入ることはなかなか難しく、いろいろなところで就職の面接試験を受けても、一次選考や二次選考を通ったのに、三次選考で落ちたりすることがよくあるわけです。

また、思いどおりの会社に就職できたとしても、そのなかにおいて、さまざまなつまずきが待ち構えていることはよくあります。自分より早く同期の者が出世したり、思わぬことでビジネス上の失敗をしたり、過労がたたって病気をしたりすることがあるわけです。

最初は注目されていたエリートが、思いもよらない失敗によって、左遷《させん》されたり脱落《だつらく》していったりすることがあります。

また、まったくの問題外で、ライバルとは見られていなかった人が、意外に力を伸《の》ばしてきて、どんどんと上に上がってくることがあります。場合によっては、自分の後輩《こうはい》が自分の上司になることもあるのです。こういう衝撃《しょうげき》があります。

会社のなかでもそういうことがありますが、これ以外にまた、個人的事情として、「結婚《けっこん》」という問題があります。結婚は一つの関門であって、これも人生の一つの試練であろうかと思います。会社の選択《せんたく》と同様、配偶者《はいぐうしゃ》の選択も決定的です。

「人生には三つの関門がある」と言われます。「進学」「就職」「結婚」の三つです。

この書物を読んでおられる方の大多数は、「進学」という問題をすでに終えられているでしょう。また、学生ではない方々の大部分は、「就職」という問題も終えているでしょう。そして、何割かの方は、「結婚」という問題に対して、いろいろな悩みを持っておられるのではないかと思います。

この「配偶者の決定」に際しても、やはり、人はいろいろと悩みます。

この世的には、いろいろな結婚コンサルタント会社があって、両家の条件をいろいろと出しては話をすることがあります。

男性から女性に対する希望であれば、やはり、容姿が端麗《たんれい》であるとか、最低でも短大を出ているとか、ご両親が健在であるとか、一人娘《むすめ》ではないとか、そういう条件が付くことはよくあります。あるいは、性格がいいとか、尽《つ》くすタイプであるとか、料理が上手であるとか、花嫁《はなよめ》学校に行っていたとか、こういう条件を付けることもあります。

また、女性から男性に対してであれば、年収が幾《いく》ら以上であるとか、次男坊《ぼう》であるとか、三男坊であるとか、親と別居できるとか、身長が百七十センチ以上あるとか、体重は何キロを超《こ》えていないとか、こういう条件があるかもしれません。

そういうときにも、この世的にいろいろと選択をしながらも、やはり、どこかで「神縁《しんえん》」というようなものを感じ、人間ならざる第三者の働きを考えます。具体的には、「守護霊《しゅごれい》あるいは指導霊たちが何かをやってくれているのではないのか」「生まれてくる前の縁があったのではないのか」ということを考えるに至るのです。

たいていの人間は、神や仏を無視し、霊的なものを無視するにもかかわらず、進学のときや就職のとき、結婚のときには、そうしたものに関し、何らかの感じを受けるわけです。

結婚に際しても、「赤い糸で結ばれている」という話を耳にします。若い女性たちの場合、ほとんど、そうしたことを信じていて、「八割、九割以上の人は赤い糸で結ばれていて、自分の約束した相手がいるのではないのか」というように考えることがありますが、これなども、やはり、霊的な人生観を得るための一つのようになっているということが言えるでしょう。

結婚のあと、子供ができても、また、神秘的な感じを受けることがあります。子供というものは、「つくろう」と思ってつくれるものではなく、子供ができると、「授《さず》かった」という不思議な感じを受けるものです。

また、不幸にして離婚を経験される方もいますし、片方との死別もあるかもしれません。

こういう、人生のいろいろな流れのなかにおいて、人間はさまざまな転機を経験していきます。その転機とは、結局、どういうものかというと、一つの選択肢《し》であるわけです。「右にすべきか、左にすべきか。あるいは、まっすぐに進むべきか、退《しりぞ》くべきか」という転機が必ずあるのです。

これは決して優《すぐ》れた人だけにあるのではありません。どんな人にも人生の転機は何度も何度もあります。「そうした選択肢を、そのつど、どう選ぶか」によって、結果的に、振《ふ》り返ってみると、その人の人生はずいぶん変化しているものです。

これは迷路《めいろ》を歩いているのと同じであって、「右にするか、左にするか」を間違うと迷路から出てこられませんが、うまく選択すると迷路から出てこられます。

このように、結果的には、「右にするか、左にするか」という判断で人生は変わってくることがあるのです。

こうした「人生の転機」に当たって、人は、ともすれば、易《えき》をやってみたり、姓《せい》名《めい》判断をやってみたり、四柱推命《しちゅうすいめい》をやってみたり、星占《ほしうらな》いをやってみたりと、さまざまな「この世ならざるもの」へ、すがろうとする思いを持ちたがるものです。「人知を超えたもの」に頼《たよ》ろうとするわけです。

結婚の問題にしても、「Aさんと結婚するか、Bさんと結婚するか」という問題で心揺《ゆ》れたりすることがあります。こういうときに占いに走り、易者に見てもらったりして、「どちらのほうが縁が深い」とか、「こちらであれば失敗をする」とか、こういうことを言われ、信じる人もいれば、余計に迷ったりする人もいます。いろいろなことがあるわけです。

結局、人間は、原則を自分で考えていこうとするけれども、「より一歩先が見えることがありえないか」という希望も抱《いだ》いているわけです。それはなぜかというと、やはり、誰《だれ》もが「つまずきたくない」という気持ちを持っているからです。

半年後、一年後、三年後、五年後、十年後のことは、なかなか人間には分かりません。分からなくて、自分の認識を超えた領域であるからこそ、「他のもの、人知を超えた偉大《いだい》な存在の計らいが、何か得られないか」ということを考えるわけです。

こうした「人生の転機」こそ、やはり、霊的人生観への目覚めの契機《けいき》ではないでしょうか。そのように私は思うわけです。

2　霊性《れいせい》への目覚め

さて、そうした「人生の転機」に際して、「霊性《れいせい》への目覚め」ということが問題になってきます。

たいていの人は、人生の転機に際して、占《うらな》い、易《えき》であるとか、前世《ぜんせ》の縁《えん》であるとか、運命であるとか、こうしたものに惹《ひ》かれていくのですが、それを深いところまで考えないで、そのとき、そのときの成り行きの判断に委《ゆだ》ねることがよくあります。そして、「喉元過《のどもとす》ぎれば熱さを忘れる」という「ことわざ」どおり、忘れていくことがあるのです。

例えば、結婚《けっこん》に際して、あれほど神頼《かみだの》み、仏頼みをして、真剣《しんけん》に考えたにもかかわらず、やがて、結婚して平凡《へいぼん》な毎日を過ごしていくうちに、そうした厳粛《げんしゅく》な思いを忘れていくこともままあるわけです。

ただ、あの世の世界から見てみると、守護霊《しゅごれい》たちは、そうしたときに、いろいろと苦心し、努力をしているのです。その努力に対して、本人たちが、「感謝をする」ということなく、また安易な日々を流れていくことについて、守護霊たちが非常に残念に思うことも数限りなくあります。

人生というものは、決して自分だけが選び取っているものではなくて、その背後には数多くの「目に見えぬ力」が働いているのです。

たいていの人には守護霊というものがついていて、その人を善導するために、日《にち》夜《や》、努力しています。

そして、守護霊の手に余るような、大きな問題に関しては、指導霊というものがついていて、この指導霊が、日夜、常に何らかのアドバイスを与《あた》えんとしています。

この世的に優《すぐ》れた職業を持っているような方には必ず指導霊がついていて、アドバイスをしています。

ただ、たいていの人間は、感謝を忘れ、忘恩《ぼうおん》そのものの生き方をしています。そうしたことを考えずに、「自分は運がよかった」とか「運が悪かった」とか言ってみたり、「すべて自分の力のせいだ。自分に能力があったからだ」と考えたりします。

そのように、人生の転機に際して、一つのきっかけはあっても、霊性への目覚めが遅《おそ》い方は数多くいます。

こういう方々の特徴《とくちょう》は、結局、「自我が強い」ということであろうかと思います。自分自身を「偉《えら》し」と思ったり、自分自身がかわいくてかわいくて、「自分が、自分が」という思いが強かったりするのです。こういう自我の思いが強いわけです。

本当は、目に見えぬ霊的な世界から、目に見えぬ糸が張り巡《めぐ》らされ、さまざまに引っ張ってもらっているにもかかわらず、それを感じず、自分がすべてをやったように思ってしまう。あるいは、失敗をした場合には、自分以外のもの、他人《たにん》のせいで、そういう失敗に陥《おちい》ったと考える。このように考えがちであるわけです。

こうしたことは、結局、「自分本位の生き方である」と言えるのではないでしょうか。

「本当に神仏の前に謙虚《けんきょ》になる。高級霊の前に謙虚になる」という気持ちがあったならば、やはり、「大いなる霊性への目覚め」というものを体験せざるをえなくなってきます。

霊性の目覚めにも二通りあります。

第一の場合は何かといえば、挫折《ざせつ》を契機《けいき》として、神仏を求めるきっかけを得る場合です。「何とか立ち直りたい。立ち直るきっかけが欲《ほ》しい」ということで、神、仏にすがる。あるいは宗教に入《い》る。こういう考え方が一つあります。

これも大事な考え方の一つです。世のマスコミ等は、「宗教は、いかに害悪を流しているか。いかに間違《まちが》ったものであるか」ということを言っていますけれども、宗教は、やはり、そうした人間の避難《ひなん》場所であることも事実です。

社会生活のなかで、会社のなかで傷ついた人々、彼らはいったいどこへ行けばよいのでしょうか。結婚に挫折した人々、彼らはいったいどこへ行けばよいのでしょうか。子供の問題で失敗した母親は、どこへ行けばよいのでしょうか。失業した人たちは、どこへ行けばよいのでしょうか。病気で苦しんでいる人たちは、どこへ行けばよいのでしょうか。人生苦に悩《なや》んでいる人たちは、どこへ行けばよいのでしょうか。

彼らには行く場がないのです。そうした人たちにとって、やはり、宗教の門が一つの大きな導きとなることがあります。

そうした意味において、世の一般《いっぱん》的なる常識、あるいは評価というものを度外視《どがいし》して、こうした病院の役割、大きな意味での受け入れ先の役割をしているのが宗教であることも事実です。宗教はそういう役割を果たしているわけです。

また、これとは逆の場合があります。

成功に成功を重ねていく人、ツキまくっている、あるいは運がついている人で、どんどん、思ったとおりにピシピシと当たっていき、道が開けていく人がいます。

こういう人の場合にもまた、神のご加護《かご》を受けていることが非常に多くあります。彼らは彼らで、信仰心《しんこうしん》を持って生きていることは非常によくあります。有名な経営者が、夜になると精神統一をし、正座をしてインスピレーションを受け、重要な経営判断を行うことは、よくあるわけです。

また、優れた人であればあるほど、「霊的な直観」というものを重視していることも事実です。いわゆる「勘《かん》」であるとか、「ひらめき」であるとか、こういうものです。成功体験の数多くある人たちは、どこかで、そうした助けを経験しています。何らかの勘や直観、ひらめきによって、大いなる事業の成功を得たことが数多くあるのです。

「ひらめきによって新発明をし、それが軌道《きどう》に乗った」という方もいれば、直観によって危機を回避しえた方もいます。

昨年（一九八七年）の秋であったでしょうか、株が大暴落したときがありますが、その前に、いち早くそれを霊的に直観して、株を売り払《はら》った方もいます。そうした方は、やはり、「何らかの導き」というものを感じ取っていたのではないかと思います。

ですから、挫折のときにも、成功のときにも、「霊性への目覚め」というきっかけがあるのではないでしょうか。それが、やはり、今生《こんじょう》の意味ではないでしょうか。

今生において、一つの霊的な修行《しゅぎょう》をさせられているのは、「この目には、この耳には、この手には、しかとは感じられない世界において、霊的なるものをつかむ」ということに非常な意義を感ずるからであり、「教えられない世界を自分自身で感じ取る」ということに大いなる敬意が払われるからではないでしょうか。

ですから、「この地上での生活のなかにおいて、霊性への目覚めを体験することが、一つの大いなる進歩ではないのか。また、今生における、自分の人生の意味の発見ではないのか」と私は思うのです。

3　物質と誘惑《ゆうわく》

　ここに一つの問題があります。

「霊性《れいせい》への目覚め」というものを経験した方にとっても、この世というものには非常に難しい面があります。それは、「物質」についての考え方です。地上に生きていると、どうしても物質に人の心はとらわれていきます。

　その物質とはいったい何であるかというと、「物だ」と言ってもいいし、「財だ」と言ってもいいし、「富の変化したもの」と言ってもいいのです。こうしたものにとらわれていきます。

　その物質の典型として、お金であるとか、家であるとか、車であるとか、素晴《すば》らしい洋服であるとか、こうしたものがありますし、宝石であるとか、ネックレスであるとか、指輪であるとか、こうした贅沢品《ぜいたくひん》、奢侈品《しゃしひん》の類《たぐい》もあります。

これ以外に、欲望をそそる、物質に近い存在として、異性の存在が言及《げんきゅう》されることもあります。「霊性への目覚めのいちばんの妨《さまた》げは物質の誘惑《ゆうわく》である」と言われるのですが、物質の誘惑のなかには、そうした貴重品の類だけではなく、異性の存在、特に、美しい女性の存在が入れられることがあるのです。

これに対しては、もちろん、そうした異性の存在について、「神が創りたもうた男と女である以上、それを誘惑として見るのは問題である」という見解もあることはあるでしょう。

しかし、「霊性への目覚めの妨げとして、異性の存在と物質の存在がある」ということが、過去、厳然としてあったことは事実です。

そこで、「どう考えていくか。どう対処していくか」ということが一つの課題となってくるわけです。

過去、宗教者たち、修行者《しゅぎょうしゃ》たちが悩《なや》んできたのも、この「物質と誘惑」の問題です。

かのイエス・キリストでさえ、この誘惑に悩まされています。それは『聖書《せいしょ》』を読めば分かりますが、四十日四十夜、「荒野《あらの》の試み」というものを受けています。サタン（悪魔《あくま》）の頭《かしら》であるベルゼベフという者から、いろいろな誘惑をイエスは受けています。

例えば、「汝《なんじ》、本当に神の子であるならば、この石を変じてパンとせよ」とサタンの頭は言ったことがあります。これに対して、イエスは、「人はパンのみにて生くるにあらず」というような言葉で答えています。

サタンはまた、イエスに、「汝、神の子ならば、この神殿《しんでん》の屋根から飛び降りてみよ」とも言いました。

こういう試みをしたわけですが、この理由はというと、『旧約《きゅうやく》聖書』のなかに、「神の子が崖《がけ》から飛び降りようとしたとき、天使が飛んできて、その羽で救った」というような内容があるからです。「おまえが神の子であるならば、飛び降りても必ず天使が救いに来るだろう。ならば、やってみよ」と言ってみたわけです。

すると、イエスは、「しかし、『汝の主なる神を試みるなかれ。試《ため》すなかれ』ともまた書いてある」と答えています。

これらについては、事実、そうした「悪魔の試み」もあったわけですが、それのみならず、「イエスにも、人間として生きていく以上、そうした誘惑が降りかかった」ということです。

パンは、食料、食べ物への誘惑の象徴《しょうちょう》でもあるでしょう。また、「神殿の屋根の上から飛び降りる」ということは、名誉心《めいよしん》の象徴であったかもしれません。

また、サタンはイエスに、「私を信ずるならば、汝に全世界を与《あた》えるであろう」、あるいは「権力を与える」というようなことも言いました。しかし、イエスはそれをはねつけています。

こういう、この世的な欲でもって、サタンは聖者を誘惑しようとします。こういうことが数多くあったわけです。

これは、いつの時代にもそうであって、そうした誘惑に聖者は必ずぶち当たるようになっているわけです。なぜ、そういう誘惑にぶち当たるかというと、「それをどのように通過するか」ということによって、世の、物質に翻弄《ほんろう》されている民《たみ》たちに、人間としての本当の生き方を教えんがためなのです。

イエスだけではありません。仏陀《ぶっだ》もそうです。

有名な話ですが、彼は、カピラヴァスツにおいて、二十九歳《さい》まで、思うがままの生活をしていました。王子として育ち、周りの人にかしずかれ、おいしいものを食べていましたし、お付きの家来がいました。

また、十代から美しい后《きさき》を何人か迎《むか》え、后が四人も五人もいたようです。后のなかには有名なヤショーダラーもいましたが、それ以外にも何人もいました。父王の命《めい》とはいえ、そうした女性との歓楽《かんらく》の日々も、約十数年の間にはあったかもしれません。

しかし、そうしたなかで、彼は「執着《しゅうちゃく》」というものに苦しみ、「これが人間の本当の生き方であるはずがない。この執着を断《た》ったときに本当の悟《さと》りがあるはずである。何かが違《ちが》っている」と考えたわけです。

こうしたイエスと仏陀の例がありますが、近代では、「聖者」といわれる方々であっても、必ずしも「物質否定、異性否定」という方向には行っていないように思います。

日本に生まれた宗教家もそうです。例えば、内村鑑三《うちむらかんぞう》にしても、妻帯はしていますし、仕事も持ちました。谷口雅春《たにぐちまさはる》にしても、もちろん、妻帯もしましたし、仕事も持っていましたし、この世的な富も手に入れました。また、ほかにも、妻帯をし、妻子を養いながら教えを説きつつ、事業をして利益をあげる経営というものに携《たずさ》わった宗教家もいるわけです。

過去の時代には、聖者たちは、物質をはねつけ、「精神のみに生きる」という姿勢を数多く見せたようですが、近年の宗教家たちの生き方を見てみると、「物質と精神」というものを単に二分《にぶん》するのではなく、「この両者を融合《ゆうごう》する立場から、一つの道を見いだせないか」という方向に動いてきているかに見えます。

単に、物質を物質として否定し、精神のみに生きるならば、この三次元の存在意味はないことになるのではないのか。この三次元を「単なる仮の世界」と言い切ってしまい、「何ら意味がない、苦の世界であって、この三次元を離《はな》れた世界こそが真の世界である」と言いうるならば、この三次元に生まれてくること自体が間違いであったのではないのか。

そうであるならば、人生の最大の理想は、「転生輪廻《てんしょうりんね》のカルマを断ち切ってしまうこと」ではないのか。この世に生まれ変わってくることが、「苦しみの世界に生まれてくる」ということであるならば、「もう生まれ変わらないようになる」ということが最大の悦《よろこ》びではないのか。そういう輪廻を超《こ》えることが最大の悦びではないのか。

すなわち、「そうした輪廻を解脱《げだつ》する」という意味での如来《にょらい》になることが、最大の修行の目的ではなかったのか。

原始の仏教のなかには、そういう考えもあります。「もう再びこの苦しみの世に生まれ変わってこないために修行する」という考えもあったわけです。

しかし、こうした考えは、私たちの現在の立場から言えば、「半面としての仏法《ぶっぽう》真理《しんり》は表しているけれども、トータルでの仏法真理は表していない」と言えるわけです。

「この世に生まれてくる前の世界での計画がある」ということを、私ははっきりと言っています。人間がこの世に生まれてくるのは偶然《ぐうぜん》ではないのです。実存主義哲学《てつがく》が言うような、「偶然によって、この地上に生まれ、投げ出された存在」が人間なのではありません。偶然に両親から生まれたものでもありません。生まれてくるには生まれてくるだけの計画をつくってきているのです。

では、なぜ生まれてくるのでしょうか。

その理由は、「この地上に、『魂《たましい》の修行』という目的を持って出てきて、多くの人と共に生きていくことにより、ユートピアを建設する。そのユートピア建設の途《と》中《ちゅう》において、自分自身の向上と、仲間たちと共有できることで、魂の悦びを味わう」ということではないのでしょうか。

こういうことが「この世の意味」ではないのでしょうか。

そういう観点から見るならば、物質というものはユートピア建設のための〝奉仕《ほうし》の材料〟ではないのでしょうか。また、異性の存在もユートピア建設のための〝材料〟ではないのでしょうか。それに奉仕するための一つの〝材料〟ではないのでしょうか。こういう見方も生じてくるわけです。

この世に生まれてくる前の世界のことを深く考えず、この世そのものを「苦の世界」「執着の世界」と考えるならば、「とらわれから逃《のが》れる」ということが人生の最大の意味になってしまいますが、そうした考え方は、「この地上には目的を持って生まれてきている」と考えるならば、やはり真理の半面しか見ていません。

そして、「この世で素晴らしい生き方をすれば、それが、すなわち、あの世での生き方につながる」とするならば、つまり、「この世で、素晴らしい天国的な生き方をすれば、あの世でも天国に生きられる」とするならば、「あの世で、どのように生きるか」ということを目指すこと自体は、大きな問題ではないことにもなっていくでしょう。

「来世《らいせ》の幸福だけを願う」という阿弥陀《あみだ》思想、阿弥陀如来信仰《しんこう》の思想に対して、一線を画する考えが出てくるわけです。

こうしてみると、「物質と誘惑」に関する現代的な判断、解釈《かいしゃく》というものは、結局のところ、「物質等をユートピア建設に奉仕する材料として再検討してみる」ということではないでしょうか。

「富」に関しても同じです。ユートピア建設のために有用に使われたならば、富は非常な力となります。ところが、ユートピアを阻害《そがい》するために使われたならば、これは大変な害悪となっていきます。財力のある人が仏法真理の伝道を邪魔《じゃま》しようとするならば、これは大変な圧力です。しかし、財力のある人が仏法真理伝道を助けようとするならば、これは強大な力になります。

また、異性に関しても同じです。古来、「執着」と言われ続けていますが、夫婦《ふうふ》で共に、仏法真理伝道のために、あるいはユートピア建設のために努力するならば、その夫婦の力は、一人ひとりがやっていくよりも、二倍、三倍、四倍になっていくでしょう。

ところが、夫婦の心が互《たが》いに離反《りはん》し、相手の足を引っ張ったり、相手が仏法真理を求めることに反対し、その邪魔をしたりするならば、一人の力は二分の一にも三分の一にもなっていくでしょう。

ですから、「ユートピア建設」という観点から、一度、この「物質と誘惑」のところを考え直してみる必要があります。そうすると、今まで、単なる「苦の材料」「執着の材料」と思われたもののなかにも、一つの「悟りへのよすが」があると言えると思います。

空海《くうかい》が中国から持ち帰ったお経《きょう》のなかに、『理趣釈経《りしゅしゃくきょう》』というものがあります。『理趣釈経』には、「愛欲《あいよく》もまた菩薩《ぼさつ》の位《くらい》なり」というようなことが書いてあるので、これが非常に問題とされ、一般《いっぱん》にはなかなか広がらず、特殊《とくしゅ》な人にだけこの教えが伝わりました。密教《みっきょう》の「密」たるゆえんです。

これには、誤解される恐《おそ》れがあります。「愛欲も菩薩の位であるなら、すなわち、みんなが自由自在に異性と共に生きていて、それで菩薩になれるなら、こんないいことはない」という判断があるわけですが、実際にはそうではないのです。

「本当のユートピア」という目から見たら、「恋人《こいびと》同士の愛、あるいは夫婦の愛のなかにもユートピアへの芽はある」という考え方もあるわけです。これが、「愛欲もまた菩薩の位なり」という言葉の本当の意味です。

愛欲を単なる罪や悪と考えた場合には、それは一つの足枷《あしかせ》にしかすぎませんが、愛欲のなかにも仏法真理の芽はあります。「物質」とか「誘惑」とかいわれているもののなかにも、本当は仏法真理の芽はあるのです。

それは「ユートピア建設」という観点からのみ許される考え方です。

こういう考え方が、おそらく、現代的なものの考え方として重要ではないだろうかと私は思うのです。

4 仏法真理《ぶっぽうしんり》への道

「人生の転機」「霊性《れいせい》への目覚め」「物質と誘惑《ゆうわく》」という問題を考えてきて、次に、「では、どうやって仏法真理《ぶっぽうしんり》への道に入っていくべきか」ということを考えてみたいと思います。

仏法真理への道に入っていくときに、いちばん大事なのは、やはり、「導き手」であろうと思います。

今、「本当であれば、仏法真理のことを勉強したい。学びたい。求めたい」という人は数多くいると思いますが、残念ながら、「よき指導者に恵《めぐ》まれない。巡《めぐ》り会えない」ということが最大の難点です。世の中に、道を求める人は数多くいますけれども、「真の指導者に巡り会えない」ということが最大の難点となっているのです。

では、どうしたら真の指導者に巡り会えるのでしょうか。

「あちらの宗教、こちらの宗教と遍歴《へんれき》しながら、よくなるならともかく、どんどん悪くなっていく人が数多い。また、いろいろなところで霊的な作用を受け、帰ってくる人が数多い」という問題がありますし、「宗教に凝《こ》って、おかしくなる」というのは日常茶飯事《さはんじ》です。

そのため、家族や親戚《しんせき》が反対するのは常です。「宗教に凝って、おかしくなった。変な新宗教に凝った」という話になって、問題とされるわけです。

ですから、「仏法真理への道」ということを考えるに際しては、どうしても、師の存在、優《すぐ》れた指導者の存在が大事です。私はそう思います。

優れた指導者がいるところには、また、優れた教えがあります。同様に、優れた教えがあるところには、優れた結果があるはずです。優れた指導者の存在、優れた教えの存在、そして、優れた人間完成への道、導き、こういうことがあると思われるわけです。

こうしてみると、「師の存在」、「教えの存在」、あるいは「効果の存在」、「結果の存在」は、非常に立派な道筋《みちすじ》であり、素晴《すば》らしい道筋であると思います。

大事なことは何であるかというと、やはり、優れた指導者になろうとする方々が数多く出てくることです。その必要性を私は感ずるわけです。優れた「仏法真理の指導者」を数多く出していく必要があります。

そして、優れた指導者が出ていくための材料として、優れた教えが数多く出ていく必要があるのです。そして、数多くの優れた教えが出たならば、「それをどう学び、それをどう実践《じっせん》に移していくか」という課題が残っていると思います。

私は幸福の科学で人類幸福化運動を起こしておりますが、この背景には、やはり、「優れた指導者を養成したい」という気持ちがあります。

また、「優れた指導者を養成するためのテキスト」としての仏法真理の客観性、あるいは多様性をつくり出し、取り出していく必要があると考えていますし、その指導・学習方法の確立が急務であろうと思います。優れた教え、仏法真理があっても、それをどう学習すればいいかが分からねば、どうにもなりません。

この仏法真理の学習方法に関しては、まだまだ確立されていないものがあります。悟《さと》りに関しても、古来、「どうやったら悟れるのか」ということが分からなくて、「とにかく、一千日、山のなかを歩けばよいのだ」という、千日回峰行《せんにちかいほうぎょう》的な考え方もありますし、「とにかく座禅《ざぜん》を組めばよいのだ」という考え方もあるでしょう。あるいは、「断食《だんじき》さえすればよいのだ」という考えや、「物質を断《た》ち、執着《しゅうちゃく》を断てばよいのだ」「一切《いっさい》のしがらみを断てばよいのだ」「滝《たき》に打たれればよいのだ」という考えもあります。

このように、いろいろな考え方があり、これらは、そうした精神を何らかのかたちで体現はしているのですが、「本来の仏法真理学習」という面から外れているわけです。

また、仏法真理学習の一面には、「単に経文《きょうもん》を唱えればよい」という形式主義もあります。「内容が分からずとも、経文を唱えておればよい」というものです。その経文は幾《いく》つかあります。あるいは、「経文を筆写《ひっしゃ》するだけでもありがたいことであり、何万巻《なんまんがん》も写経すれば幸福になれる」と言う人もいますし、「自分の名前を変えればよいのだ」「神社に寄付をすれば救われるのだ」と言う人もいます。

このように、仏法真理の学習の方法が確立されていないため、巷《ちまた》では、さまざまな方法論が跋扈《ばっこ》していますし、それに人々が迷わされている面があると思います。

私は、まず、「仏法真理への道」の第一歩として、知的なベースを固めておく必要があると思います。仏法真理にも、テキスト、教材として、すなわち、学びの材料として確立されたものが必要ではないのか。客観性、普遍《ふへん》性のあるものを出していくことが必要なのではないのか。このように感じるわけです。

それがなければ、やはり、常識人としての、あるいは、この世的な人間としての、真っ当な学びができないのではないのか。この世ならざる世界に一超直入《いっちょうじきにゅう》しなければ悟れないのならば、大部分の人は、すでに救いの外にあるのではないのか。このように思われます。

したがって、地上人の常識に照らしてみても納得《なっとく》のいくような内容で、仏法真理の存在をつくることが大事ですし、これを知的なベースから学んでいく、学習していく方法論の確立が大事であろうと思います。その意味で、学校教育的な手法も、多少、導入せねばならないと考えます。

5　菩提心《ぼだいしん》

本章を締《し》めくくるに当たって、最後に「菩提心《ぼだいしん》」について話をしておきたいと思います。

霊的《れいてき》人生観の根本《こんぽん》は、結局は菩提心です。菩提心は、悟《さと》りを求める心、「悟りを求めたい」という心です。

「これは、はたして後天的に得られるものかどうか」ということを振《ふ》り返っていただきたいのですが、どのような地域にも、どのような民族にも、「悟りを求めたい」という気持ちはあったと私は思います。

それを必ずしも「仏教的なる悟り」と言う必要はありませんが、この菩提心の背景にあるものは、結局、よりよい向上心、あるいは「神に近づいていきたい」という気持ちであろうと思いますし、これは、本来、魂《たましい》のなかに備わっているものなのです。

もし魂のなかに「堕落《だらく》したい」という欲求が本来備わっているならば、大変なことになってしまいます。しかし、人間はすべて「よくなりたい」と思っています。その証拠《しょうこ》が幾《いく》つかあります。

例えば、どんな人にも、「他人《ひと》によく思われたい」という気持ちがあります。これを自己保存欲や名誉《めいよ》欲と言ってしまうことは簡単ですが、一概《いちがい》にそうは言い切れない面があると思います。誰《だれ》しも、他人によく思われたいのです。他人から悪く言われて、うれしい人はいません。他人によく思われたいと思います。

これが社会の防波堤《ぼうはてい》になっています。そうではないでしょうか。

悪く思われたい人ばかりがいっぱいいたならば、大変な社会になってしまいます。しかし、どんな悪人でも、どんなに「心根《こころね》が悪い」と言われる人でも、自分は他人の悪口を言うことはあっても、自分が他人に悪口を言われたいとは思っていないのです。

これは一つの防波堤になっています。やはり、「向上心がそこにある」ということです。「霊的なる向上、悟りに向けての向上を求める気持ちは、本来、魂に備わっている機能である」ということを知らねばなりません。

本来、そうしたものが眠《ねむ》っているならば、それを見つけ出すために助力をしてやること、補助をしてやることが大事です。

どうやって、その悟りへの芽を育ててやるか。どうやって、水をかけてやり、肥料をかけてやるか。こうしたことが大事であろうと思います。その悟りへの芽をどう伸《の》ばしていくか。

結局のところ、これは、「悟りを得ることによって、いかに人間が素晴《すば》らしくなるか」ということを証明することではないでしょうか。

「悟りを得る」と俗《ぞく》に言われていることが、この世的な異端者《いたんしゃ》を生み出していくだけならば、何のための悟りか分かりません。

菩提心の根本としての「悟りを求める気持ち」、これを突《つ》き詰《つ》めていったときに、悟りを得て、いったい人間はどうなるのでしょうか。

悟りを得る結果が、先ほども述べたように、単に、「この世に転生輪廻《てんしょうりんね》をする」という、その悪《あ》しき輪廻を断《た》ち切るだけであるならば、この世に生まれてくる必要はないわけです。

しかし、そうではなく、悟りにはもっと積極的なる意義が何かあるはずです。それを求めねばなりません。

その積極的なる意義とは何でしょうか。それは、やはり、「霊的に目覚め、霊的人生観を持った人が、この世的にも素晴らしくなっていき、この世的にも成功していく。悟りを得た人が、ますます、この世的にも影響力《えいきょうりょく》を増していく」ということではないでしょうか。私はそうだと思うのです。

それゆえにこそ、本書の「漏尽通力《ろじんつうりき》」ということが非常に大事になっていくわけなのです。

後《のち》ほど詳《くわ》しく話をしていくつもりですが、今回、私の提唱する漏尽通力とは、「優《すぐ》れた高度な霊能力を持っておりながら、常識人としても最高度の能力を発揮できる能力」のことです。そういう能力のことをいいます。

「あの世的能力も持ちながら、この世的にも優れた人」の輩出《はいしゅつ》が、今後、大いなる証明として大事なのではないでしょうか。そうした人が出ることによって、「菩提心が必要である」ということが証明されるのではないでしょうか。

今、イエス・キリストが地上にいたとしても、釈迦《しゃか》が地上にいたとしても、やはり、優れた人物として仕事をするであろうと思われます。

ですから、本来、「悟りを得た人」は「優れた人」にならざるをえないのです。「悟りを得た」と自称《じしょう》しておりながら優れていない人々の数多くの言動を見るにつけ、世の人々は不信感を持つのではないでしょうか。

したがって、私たちは、菩提心を重視する以上、「その悟りの結果、どうなるのか」という面を、しっかりと説明していかねばならないと思います。

そして、それが、素晴らしいものであり、人間が本当に目標とするに足りるものであるならば、「悟りを求める心、菩提心は、どれほど重要か」ということを知って、損をすることはないのではないでしょうか。私はそう思います。

ですから、霊的人生観の根本に「菩提心」というものをしっかり据《す》えていこう、そして、「その先にあるものがいったい何であるのか」ということをしっかりつかんでいこう、こういう考え方が大事であると、私は信ずるものであります。

第2章

霊《れい》的《てき》現象論

1 心の神秘

本章では、いわゆる「霊道現象《れいどうげんしょう》」に関して話をしていきたいと思います。最初に「心の神秘」ということについて語ってみたいと思います。

人間の心は非常に神秘的な存在です。心に関しては、永い間、いろいろなかたちで言われてきましたし、それについて考えられたことも数多くあるでしょうが、「心の正体はいったい何なのか」ということを突《つ》き詰《つ》めて説き明かした方は、そう多くはないであろうと思います。

読者のみなさんのなかで、「あなたの心とはいったい何か。心を定義せよ」と言われて、即座《そくざ》に答えが出る人はいないのではないでしょうか。禅宗《ぜんしゅう》のお坊《ぼう》さんのように、「心とは何ぞや」と問われて、誰《だれ》もまったく予期しない言葉で答えても、そういうことで解決がつくものでもないと思います。

心は、古くから人々の耳になじんできた言葉ではありますが、残念ながら、「その正体はいったい何か」ということが分からないでいたわけです。

これは、たとえてみれば、「人間は、自分のすみかの裏に宝の蔵《くら》を持っていて、その鍵《かぎ》を渡《わた》されているにもかかわらず、その鍵がいったい何の鍵か、深く考えもしないで生活している人に似ている」と言えるでしょう。

自分には、玄関《げんかん》の鍵、それから台所の鍵、こういう二つの鍵があるけれども、これ以外に、もう一つ鍵を持っている。ところが、三番目の鍵は何の鍵か分からない。分からないけれども、分からないままで放置している。そして、玄関の鍵と台所の鍵だけを使っている。「もう一つの鍵はいったい何だろうか」ということを深く考えもしないで、そのままでいる。

たまたま裏庭には一つの建物が建っている。蔵のようなものが建っているけれども、自分の両親が早く死んだために、自分には、その蔵はいったい何の蔵か分からない。そのため、鍵を一本持っていても、何の鍵か分からない。

こういうかたちで、鍵と蔵はあるけれども、鍵と蔵とのかかわりが分からないし、それを研究しないでいる。

これが大多数の人間の姿です。

ところが、人生の、ある時期において、ある日曜日でもいいですが、たまたま、気分のいい日があって、「ちょっと裏の蔵を見てみたい」という気になる。もしかして、自分が持っている鍵は合鍵なのではないか。こういう気がして差し込《こ》んでみると、意外や意外、その蔵が開《あ》く。「なかから何が出てくるだろうか」と思い、真っ暗のなかを手探《てさぐ》りで歩いていく。

そうすると、そのなかから、なんと、金銀財宝、あるいは宝石の山、こういうものが出てきたわけです。びっくりします。

十年も前から、あるいは二十年も三十年も前から、そういう蔵があることだけは知っていたけれども、まさか、なかにそういうものがあるとは思わなかった。単なる物置か廃屋《はいおく》であると考えていた。

しかし、実は、そのなかには無尽蔵《むじんぞう》の宝が隠《かく》されていた。二十年、三十年、その秘密について知ることもなく、汗水垂《あせみずた》らして働いていた。

こういう自分を発見するに至るのです。

たとえで話をしたわけですが、こうしたことは実によくあります。本当は、そういう鍵を持っているにもかかわらず、それが、裏の庭に建っている蔵の鍵だと気がつかずに、何十年も過ぎてしまった人は数多くいるのです。

このように、自分は、本当は、かなりの能力を持っていたり、そうとうの資質を持っていたりするにもかかわらず、それに気がつかないで過ぎていく人は数多いわけです。

心は、まさしく、この宝の蔵のようなものです。本当は、その秘密を知り、その宝を手に入れれば、無限の力が湧《わ》いてくるのですが、それを深く探究しない者にとっては、蔵の扉《とびら》が開《ひら》かないのです。

この「心の神秘」というものを探究していくと、「人間の心のなかに、どれだけ大きな力が潜《ひそ》んでいるか」を知ることになります。

この大きな「心の秘密」には二つの意味合いがあると思います。

第一は、「人間は自分の思うことを自分でコントロールできる」という秘密です。思いというものはコントロールできるのです。

ところが、大多数の人は、このことに気がつきません。思いというものを、なすがままに放置しているのが現状です。それはまるで浜辺《はまべ》に寄せては引いていく波のようなものです。思いは、そのようにたとえられるでしょう。

しかし、実際に思いというものを突き詰めて考えていくと、川の流れのごとく、上から下へ、どんどん、どんどんと流れ、押《お》し寄せていく場合があります。心というものは、方向性を与《あた》えられれば力が出てくるのです。

単に浜辺に寄せている波だけであれば、それによる水力発電は難しいと思いますが、勢いよく流れ落ちる川であれば、そこにダムをつくると水力発電ができます。

このように、一定の方向性があり、力があれば、それを有用なものに使っていくことができるのです。

同じように、心というものも、その「思いのコントロール」ということを探究していくと、意外な力が出てきます。それは、ある意味では、「自己実現」というようなものでもあるでしょう。一定の方向に向けて思いを集中し、持続していくと、ある結果が出るのです。こういう、「想念、思いの力」というものが一つあります。

もう一つの「心の秘密」は、「心のなかには深い部分がある」ということです。

この深い部分を心理学では「深層心理」ともいいます。宗教的には、これを「守《しゅ》護《ご》・指導霊《しどうれい》の世界」、あるいは「霊の世界」といってもいいのです。そうした世界とつながっているのが心の部分です。

この部分について、大多数の人は、うっすらと感づいたり、本能的に感じたりすることはありますが、「完全にそれをつかみ切る」ということができないでいるのではないでしょうか。

ですから、この無尽蔵の宝庫を知ることによって、無限の世界を探究することができ、そこに分け入っていくことができるようになっているわけです。

これが「心の神秘」に関する二つの内容です。第一は、「思いのコントロールによって、偉大《いだい》な力を発揮できる」ということ、第二は、「思いの底を打ち抜《ぬ》いたときに、無限の世界、深層心理の世界、あるいは霊界《れいかい》と通ずることができるのだ」ということです。

2　想念帯《そうねんたい》の曇《くも》り

今、「心の神秘」という話をしましたが、人間の心を霊的《れいてき》な目で見れば、どうなっているでしょうか。心は、いわゆる「表面意識の部分」と「潜在《せんざい》意識の部分」に分かれていますが、「表面意識」と「潜在意識」との中間地帯、境目のところに、「想念帯《そうねんたい》」というものがあります。

この想念帯のところに、さまざまな記憶《きおく》の領域があります。そこには、生きていたときに思ったこと、行《おこな》ったことの記憶が埋蔵《まいぞう》されているのです。これは一種のテープと言ってもいいかもしれませんし、一種の記憶領域と言ってもいいかもしれません。この部分に、そういう記録があり、また、さまざまな想念の集積があります。

こういう想念帯というものがあり、この部分の帯《おび》が表面意識と潜在意識とを分けています。これは、いわば、人間の「脳」と「頭の表皮」とを分けている頭蓋骨《ずがいこつ》のような存在と言ってもいいでしょうか。こうした一種の膜《まく》があります。

この想念帯のところには、いったいどういうものが付着していくかというと、結局、人間が数十年生きたときの思いの〝ガス〟が溜《た》まっていくのです。

一日のうちに人間はそうとうの数のことを思います。心のなかに去来した思いは、数千、数万という数に達するのです。こうした思いが全部、テープレコーダー的に記憶されているわけです。

その思いが悪《あ》しき思いである場合、この想念帯のところに曇《くも》りができます。想念帯は、本来、無色透明《とうめい》なものなのですが、これにいろいろな思いが付着すると、色がついてきます。そして、さまざまな悪しき思いにとらわれると、この表面に、いろいろな汚《よご》れやゴミがつき、曇ってくるのです。透明であったガラスにいろいろな色がついてきて、透《す》き通っては見えなくなってきます。

大多数の人間は、こういう状況《じょうきょう》になっているのです。生まれてから後《のち》、さまざまな教育や習慣、思想、人の意見、こうしたものによって、透明なガラスの部分が曇っていきます。そして、自分の潜在意識の部分と表面意識の部分が、はっきりと分かれるようになってきます。

この理由を赤《あか》ん坊《ぼう》の例で考えてみます。

親の目には見えないかもしれませんが、赤ん坊は霊的世界との交流を持っています。

二歳《さい》ぐらいまで、あるいは二歳から三歳の間までですが、赤ん坊が、あらぬほうを見て、ほほえんで笑ったり、喜んで手を振《ふ》ったりしていることがあると思います。これは、あの世の守護霊《しゅごれい》たちが来て、その子を励《はげ》ましたりしていて、これに対し、喜んで答えたりしているのです。

このように、本来、生まれたばかりの赤ん坊の心は非常に無垢《むく》なものであって、天上界《てんじょうかい》、つまり、あの世の諸霊とも心が通じているのです。

それが、だんだんに欲が出るにつれて曇っていきます。

それは、例えば、「自分は、こうありたい」という気持ち、「親の愛を独占《どくせん》したい」というような気持ち、「もっとミルクが欲《ほ》しい。もっと食べ物が欲しい」というような気持ち、「あのおもちゃが欲しい」というような気持ちです。こういう欲が出て、それが自分の思うままにならないと、だんだん、わがままになっていきます。

そういうわがままな心が出てきたところで、一つの曇りが生じ、やがて天上界の霊たちと隔絶《かくぜつ》されていき、非常にこの世的な存在となっていくのです。

そうしてみると、あの世的存在とこの世的存在の違《ちが》いはどこにあるかといえば、「自我我欲《じがかよく》」の部分であると言えると思います。自我我欲、「私が、私が」という気持ち、「自分が、自分が」という気持ちによって、結局、窓ガラスにカーテンを引いたようなかたちになっていて、外の世界が見えなくなっているわけです。

結局、このカーテンの部分があるからこそ、本当の霊的世界との交流ができなくなってくるのです。そうであるならば、このカーテンの部分を開《あ》けると外の世界は見えるわけです。本来、そのようになっているのです。

そうすると、この「カーテンを開ける」という作業がありえるのではないのかと考えられるわけです。このときのカーテンに当たるものがいったい何であるかというと、これが「想念帯の曇りの部分」です。

今、赤ん坊の例で話をしましたが、例えば学校に上がるようになると、またさまざまな悩《なや》みをつくっていきます。

それは主に「他人《たにん》と自分との比較《ひかく》」というかたちでの悩みです。「他人は自分よりいい服を着ている」「隣《となり》の子の弁当のおかずは自分のものよりいい」「隣の子は自分よりよく勉強ができる」「前の子は自分より走るのが速い」「一列目の子は先生にいつもほめられている」などということで、他人と自分との比較をし、自我のカーテンをかけるようになっていくわけです。

こうしたカーテンは、実際には、薄《うす》いレースのカーテンなのですが、一枚、二枚、三枚と重なっていくと、だんだん光を通さないようになってくるわけです。

また、小学校の高学年ぐらいから、「異性への目覚め」というものもあります。異性への憧《あこが》れが純粋《じゅんすい》なうちはいいのですが、それだけではないものになってくるのです。

中学校ぐらいになってくると、「性へのとらわれ」ということが出てきます。そういう「煩悩《ぼんのう》」というものが出てきて、なかなか苦しみが心から去らないのです。一つのことを考えようと思ったり、勉強をしようと思ったりしても、異性への思いが脳裡《のうり》を去来して離《はな》れないわけです。

こういう思いが、高校時代になるともっと強くなってきます。

また、高校時代には、さらに「社会への関心」というものが出てきます。この時期は、「自分自身の位置づけ」というものを決めるための大変な試練の時期です。実社会に出て、どうするか。大学に進学するか。高校を卒業して就職するか。これを決めなければいけない時期になるわけです。そこで、「社会とのかかわり」ということについて、この時代にも、いろいろな苦しみをつくることがあります。

大学入試などもありますが、浪人《ろうにん》をする人も少なくなく、十八歳、十九歳のときに、「挫折《ざせつ》」という体験をします。こういうときに心に曇りをつくっていくことがあります。

また、挫折しなかった人には、今度は「驕《おご》り」という感情が出てきます。驕りとは、「自分は優秀《ゆうしゅう》であり、特別な人なのだ」という思いです。そして、また心に曇りをつくっていくこともあるのです。

大学時代には、今度は逆に、いろいろな社会とのかかわりのなかで、また自我の思いが出て、闘争《とうそう》と破壊《はかい》に心が向かっていく場合もあります。勉強をしないで、学生運動など、いろいろな社会活動に加わり、反抗心《はんこうしん》のままに生きていく人も出てきます。また、学生時代には、勉強をしないで放恣《ほうし》な生活をしていく人もいますし、これとは反対に、勉強、勉強で追いまくられ、心が狭《せま》くなっていく人もいます。

こうして社会に出ていくわけです。

社会に出たら出たで、上司と部下との関係の問題、同僚《どうりょう》との問題、異性との問題、こうしたもので人間は心にいろいろな曇りをつくっていきます。

また、適齢期《てきれいき》になれば、結婚《けっこん》の問題が待ち構えています。自分の理想の相手と結婚できなければ苦しみをつくりますし、理想の相手と結婚したらしたで、今度は、結婚したあと、理想と現実とのギャップで悩みます。子供ができると、生活費がかさみ、生計が苦しくなってきます。

それから、転勤の問題や海外赴任《ふにん》の問題があります。また、同僚との付き合いの問題もあれば、出世の問題もありますし、左遷《させん》をされたりすることもあります。

こういういろいろな試練を受けるわけです。

家庭のなかでは、病気の問題がありますし、親やきょうだいとのかかわりの問題などもあります。これ以外でも、やがて子供が大きくなるにつれ、自分がかつて味わったのと同じような、子供の進学問題についての悩みが出てきます。また、子供が大きくなってくると、今度は子供の結婚の問題があるのです。

そして、自分が四十代や五十代になってくると、会社で定年が近づいてくるので、第二の人生についての悩みが出ます。「定年後、どう生きるか」という悩みが出るのです。退職金の悩みや、「年金がどうなるか」「借金が払《はら》えるだろうか」という悩みなど、いろいろな悩みが出てきます。

老後には、今度は、子供とうまくいかない悩みがあります。孫はかわいいが、子供の嫁《よめ》が言うことをきかない。こういう問題があるわけです。

このように、一生を捉《とら》えてみると、ネガティブな方向からのアプローチには違いありませんが、さまざまな悩みがあります。そして、そのなかで、人間は曇りをつくっていきます。

その曇りを、そのつど、そのつど、晴らしていけばよいのですが、やはり、曇りがだんだんに集積していき、ますます、どす黒い色に心が染まってくるわけです。

そうしてみると、その想念帯のガラスを通して天上界の姿を見ることはできなくなってくる、こう言えると思います。

3　反省的瞑想《めいそう》

「想念帯《そうねんたい》に曇《くも》りがある」という話をしましたが、それを取り去るための作法《さほう》があります。これは古くはインドの時代に釈迦《しゃか》が教えた教えです。

釈迦は「八正道《はっしょうどう》」というものを提唱しました。そして、禅定《ぜんじょう》に入《い》り、「正しく見る」「正しく思う」「正しく語る」などということを一つひとつ基準にして、自分の一日の思いと行いを反省してみることを毎日やっていましたし、これを弟子《でし》たちに教えました。人生は、日々、決算である。一日一日が決算であり、一日一日、心のなかの点検が必要である。こういうことを考え、それを実践《じっせん》していました。

したがって、「反省的瞑想《めいそう》」ということが最大の課題であったわけです。

このときに主としてどういうことを考えたかというと、結局、「心のなかに波風が立ったことはないか。苛立《いらだ》ちはなかったか。怒《いか》りの心はなかったか。うぬぼれの心はなかったか。憎《にく》しみの心はなかったか。嫉妬心《しっとしん》はなかったか」などということです。こういうことを一つひとつ点検していったわけです。

正見《しょうけん》――正しく見る

その方法論として、例えば、「正しく見たか」という観点がありました。「正見《しょうけん》」「正しく見る」といっても、人間は、「見る」ということを、なかなか正確にはできません。相手の存在を正しく見る。これだけでも大変なことです。ある人を見て、いろいろな人がいろいろな評価をします。しかし、そうした「いろいろな評価が出る」ということは、本当の意味において、「その人を正しく見ていない」ということです。

「正しく見ていない」ということでは、自分自身の姿も同様です。「他人《たにん》の目に映る自分の姿が見えない」ということがあります。これ以外に、「神や仏の目から見た自分たちの姿が見えない」ということもあり、これも真実です。

そのように、「見る」ということ一つを取っても、なかなか大変です。神や仏の心で見て正確に見直すのは非常に難しいことなのです。

正思《しょうし》――正しく思う

「正思《しょうし》」「正しい思い」というものもあります。「正しく思う」ということです。これも難しいことです。

一日の自分を振《ふ》り返ってみる。どういう思いが本当に正しい思いであったのか。他人に対して悪《あ》しき思いを持たなかったかどうか。自分自身に正直に生きたかどうか。偽《いつわ》りをしなかったかどうか。欲望のままに生きなかったかどうか。こういうことを点検する。自分の心のなかに去来した思いを、もう一度、点検する。出した言葉だけではなく思いを点検する。こういうことも必要です。

正語《しょうご》――正しく語る

また、「正語《しょうご》」「正しく語る」という問題もあります。正語もユートピア建設のために非常に大事な作業です。

「この世の不幸は言葉から出ている」という考え方もあります。「憎しみに満ちた言葉、怒りの言葉、人を蔑《さげす》む言葉、苦しめる言葉、悩《なや》みの言葉、愚痴《ぐち》の言葉、こうした言葉が、結局、人生の不幸と苦悩《くのう》をつくり出している」という考え方です。さすれば、「言葉の調整をする」ということが一つの「幸福の鍵《かぎ》」となると言えるのではないかと思います。

やはり、愚痴が心の曇りをつくっていきます。しかし、それは、他人から指摘《してき》されないと、なかなか分かりません。愚痴の原因は何かというと、結局のところ、自分自身の理想と現実とのギャップに関する不満感です。不満が生じてくるのです。

怒りもそうです。怒りは、心のなかから憎しみが込《こ》み上げてくる場合に出ます。

憎しみが徹底《てってい》的に込み上げてくると、これが怒りの原因となるわけです。そして、怒りを相手にぶつけます。

これ以外に、「嫉妬」というものもあります。嫉妬の言葉です。あるいは、猜疑《さいぎ》心《しん》に満ちた言葉があります。

こういう言葉を出さないでいればいいのです。出さないでいれば、まだ、自分のなかで、その毒がこもっているだけですが、出すことによって、この毒が伝染していきます。こういう〝伝染病〟です。

したがって、「正しい言葉を選ぶ」というのは非常に大事なことです。一日を振り返ってみて、正しい言葉を出すことができていなければ、そのことを反省し、次の日からまた、正しい言葉を出していくようにしなくてはならないのです。

正業《しょうごう》——正しく仕事をする

「正しく仕事をする」などという「正業《しょうごう》」の問題もあります。自分の今日一日を振り返って、例えば、「正しく仕事をしたか」を考えてみます。サラリーマンであったなら、「会社のなかで、本当に貢献《こうけん》できるような仕事をしたか。投げやりな仕事をしたのではないのか。本当に誠心誠意やったか」を点検するのです。

主婦であれば、「主婦として、こういう、魂《たましい》の修行《しゅぎょう》の場を与《あた》えられていることに感謝しながら、精一杯《せいいっぱい》、生きたかどうか」を点検します。

ちゃんと子供の面倒《めんどう》を見たか。ちゃんと仕事をしたか。旦那《だんな》さんのために何かをしたか。家庭の前進のために何かを考えただろうか。無駄《むだ》なお金を使わずに、ちゃんと貯蓄《ちょちく》に回したか。子供の教育に無駄な時間をかけなかったか。家事は諸事万端《しょじばんたん》うまくいっているか。旦那さんが明日《あした》、素晴《すば》らしい気持ちで出勤できるようにしたか。

こういうことを主婦は反省しなければいけないわけです。

また、「立場相応」ということがあります。新入社員のときには「新入社員の心《こころ》掛《が》け」というものがあったでしょうが、やがて課長になり、部下を持つと、長《ちょう》たる者の仕事はまた別になってきます。そういう心得《こころえ》が要求されます。これ以外にも、部長になったり役員になったりすると、ますます権限と責任が増大してきます。

人間は自分が偉《えら》くなることばかりを期待するけれども、偉くなるには偉くなるだけの理由があるし、偉くなった場合には、それだけの責任が出てくる。この責任を果たしているか。

社長となれば、自分の個人の事情だけでは判定や判断ができない。やはり、全社員の運命や幸福を握《にぎ》っている。そういうことで、一つの判断であろうとも、本当に天にもすがる気持ちで、必死の判断をしなければいけないことがいっぱいある。そうしたことを部下は知っているだろうか。

こうした問題があるわけです。

正命《しょうみょう》――正しく生活をする

それ以外に「正命《しょうみょう》」があります。これは「正しく生活をする」ということであり、

「規則正しい生活、神の子、仏の子としての恥《は》ずかしくない生活をしたかどうか」ということなどを点検します。

正精進《しょうしょうじん》――正しく道に精進する

「正精進《しょうしょうじん》」では「正しく道に精進したかどうか」を点検します。自分は仏法真理《ぶっぽうしんり》の勉強をし、仏法真理の前進のために何らかのことをしたか。あるいは、他人の幸福のために何かをしたか。人のために祈《いの》ったことがあったか。神仏への感謝の念があったか。こういうことをするのが精進です。

正念《しょうねん》――正しく念ずる

「正念《しょうねん》」もあります。これは「正しく念ずる」「正しく念《おも》う」ということです。人間には「祈り」という方法が与えられていますが、この祈りの部分でもあるわけです。

さまざまな念波《ねんぱ》が全地球を飛び回っているわけですが、この念波が悪ければ、世の中はだんだん混乱していきます。

さすれば、一人ひとりの出す念は、非常に素晴らしいものでなければいけませんし、積極的で建設的で明朗《めいろう》なものでなければいけません。この意味において、念のコントロールは非常に大事です。正しき念を常に出す必要があるのです。

正定《しょうじょう》──正しく定に入《い》る

最後に「正定《しょうじょう》」があります。これは「正しく定に入《い》る」ということです。「精神統一の時間を持つ」ということ、そして、「神仏との交流」「自分の守護《しゅご》・指導霊《しどうれい》との交流」「自分自身の一日や過去を振り返る作業」が大事です。

こうしたことがトータルで「反省的瞑想」と言われていることなのです。

これは必ずしも積極的前進のための材料ではないかもしれませんが、少なくとも、この世から地獄《じごく》をなくす、あるいは、あの世から地獄をなくす方法論であるわけです。

こうした反省的瞑想ができるようになれば、人間は少なくとも地獄には行かないで済みますし、地獄にいる人はそこから出てくることができるのです。また、この地上から地獄界を消していくことができます。そういう偉大《いだい》な力を持った修法《しゅうほう》です。

この反省的瞑想を復活させねばなりません。釈迦の時代の「反省的瞑想」の復活が大事です。

これは単に釈迦だけが教えたのではありません。キリスト教系には、「懺悔《ざんげ》」ということがあります。神に対して懺悔をし、自分の罪を詫《わ》びる。これは、結局、反省的瞑想と同じことを意味しているわけです。

また、日本神道《しんとう》系においては、「禊祓《みそぎはら》い」ということをやります。これも、「神の前に、清い心でもって立つ。謙虚《けんきょ》に座《ざ》す」ということではないでしょうか。これも結論的には反省的瞑想と同じです。

モーセの時代のイスラエルにおいては、「神との誓《ちか》い」ということを大事にしました。『旧約聖書《きゅうやくせいしょ》』『新約聖書《しんやく》』における、「旧約」「新約」の「約」という言葉は、「契約《けいやく》」という意味であり、「神と人類との約束」ということです。「神との約束に忠実に生きる」ということが反省の材料なのです。

今日は神との約束を破らなかったかどうか。「汝《なんじ》、殺すなかれ」という約束を破らなかったか。「汝、隣人《りんじん》の妻を貪《むさぼ》ることなかれ」という約束を破らなかったか。「汝、隣人について偽りの証《あかし》を立てることなかれ」という約束を破らなかったか。神を裏切らなかったか。神の期待に応《こた》えたか。

「この契約が守れたかどうか」を、毎日毎日、考え、反省する。こういうことがありました。

すべて同じです。すべては、結局のところ、「神の子、仏の子としての正しいあり方を追究、探究する」という姿勢です。こういう意味において、「反省的瞑想」ということも捉《とら》えてほしいと思います。

4　霊道《れいどう》を開く

「反省的瞑想《めいそう》」ができるようになると、「霊道《れいどう》を開く」という現象が起きてきます。「自分の心にかかったカーテンを、一枚一枚、開《あ》けていく」「心のガラス窓に付着した曇《くも》りを、雑巾《ぞうきん》で拭《ふ》き取っていく」という作業をしているうちに、どこからか明かりが射《さ》してくる。あるいは、だんだんに外が見えてくる。そういうことになるわけです。これが「霊道を開く」という現象です。

霊道を開くとどうなるかというと、まず自分の守護霊《しゅごれい》との通信が可能になってきます。守護霊との通信が可能になるとどうなるでしょうか。これには直接と間接がありますが、瞑想などをしていると、守護霊の声が聞こえてきたりします。心の内側から響《ひび》いてくるようなかたちで声が聞こえるようになるのです。

あるいは、もっと明瞭《めいりょう》に、「霊言《れいげん》」というかたちで、口を通して守護霊が語ることも可能です。人によっては、その人の手を使って守護霊がいろいろなインスピレーションを与《あた》えることがあります。これを「自動書記」といいます。

また、単に、「言葉そのもの」ではなく、「いろいろな啓示《けいじ》、インスピレーション」というかたちで与えられることもあります。

こういう現象が「霊道を開く」という現象です。

この第一段階は「守護霊との通信、交信」です。自分自身の守護霊との通信は、潜在《せんざい》的な能力、あるいは先天的な能力とかかわりなく、努力すれば、誰《だれ》でも、ある程度まで可能です。反省的瞑想をやって、仏法真理《ぶっぽうしんり》をしっかりとつかみ、それを行《ぎょう》じていれば、自然と、ひとりでに霊道が開いていくようになります。

「霊道を開く」という現象の程度の差はあります。「間接的なインスピレーション」「直接的なインスピレーション」「霊言ができる」「自動書記ができる」「霊聴《れいちょう》、霊視《れいし》ができる」など、いろいろなかたちがありますが、多少、程度の差はあっても、何らかのかたちで守護霊の意見を聞けるような状況《じょうきょう》が出てきます。これについては万人《ばんにん》が可能です。

ただ、「霊道を開くに際しては守護霊の許可が必要だ」と一般《いっぱん》に言われています。守護霊が「本人にとっていい」と思うときに霊道を開かせる場合が普通《ふつう》です。そういう条件設定はあると思います。守護霊は、それを開かせたらいいかどうかが分からないときには、より高次の神霊《しんれい》に伺《うかが》いを立てて許可を取ります。このようにするのです。

これ以外に、「巨大《きょだい》な霊能力者、光の大指導霊が地上に肉体を持っているときに、その光によって霊道を開く」ということも可能です。ただ、この場合には、その後、よほど注意しないといけなくて、本人の自覚がなければ、開《ひら》いた窓から魔《ま》が侵入《しんにゅう》し、心を混乱させることがありえます。そういう危険性があるわけです。

「霊道を開く」ということ自体は、ごく自然な行為《こうい》ですし、理論にも適《かな》った行為ですが、「その結果の維持《いじ》は非常に難しい」ということになりましょう。このために、後《のち》ほど述べる「漏尽通力《ろじんつうりき》」ということが非常に大事になるわけで、「霊道を開いても、この世的にきちんと生きられるかどうか」というチェック基準が大事になってきます。

ここで大切なことは、「いろいろな宗教によくあるように、『霊道を開いた』ということだけでもって有頂天《うちょうてん》になってはならない。『霊の声が聞こえる』ということだけで有頂天になってはならない」ということです。

霊の声にもさまざまなものがありますし、「高級霊の声が聞こえる」ということは非常にまれであって、「地縛霊《じばく》、あるいは低級霊、動物霊たちが、さまざまにそそのかす」ということが多いのです。

こういう、そそのかしから身を護《まも》るためにはどうしたらいいかというと、「日々、謙虚《けんきょ》に生きる」ということ、「自我我欲《じががよく》、うぬぼれの思いを持たない」ということ、「焦燥《しょうそう》感や怒《いか》り、妬《ねた》み、愚痴《ぐち》、嫉妬《しっと》といった思いを持たない」ということが大事になります。

このように「心の透明感《とうめい》」が大事です。透明感溢《あふ》れる心で生きていることが、低級霊体質にならないための秘訣《ひけつ》なのです。

そういうことを特に注意しておきたいと思います。

5　悟《さと》りへの第一歩

「霊道《れいどう》を開く」ということ自体が「悟《さと》りそのもの」であると捉《とら》える方は数多くいると思います。

これに対して述べると、それを「悟りへの第一歩」と考えてもいいのは事実です。平凡《へいぼん》な人生で霊道を開いていくことには、「仏法真理《ぶっぽうしんり》に目覚める」「霊的人生観に目覚める」という意味で大きな意義があります。

その結果、その本人がどういう人生をその後生きていくにしても、「生きている肉の身のままで、霊的世界を垣間《かいま》見た。神や仏の世界を垣間見た」という意味では、一歩の前進であることは事実です。魂《たましい》にとっては一歩の前進なのです。そういう意味において、「悟りへの第一歩」とは言えるでしょう。

ただ、この霊的現象、「霊道を開く」ということ自体を捉えて、「悟りそのもの」と考えてはいけないのです。これはあくまでも「悟りへの第一歩」であり、「悟りのようすが」ではありますが、「悟りそのもの」ではないことを知らねばなりません。「霊道を開く」ということを「悟りそのもの」であると誤解すると、ここに大きな間違《まちが》いが起きます。いろいろな霊の声を聞き、それをそのままに受けていると、いわゆる「言うなり」になってくるわけです。そして、彼らに完全に支配されていきます。「自分は悟った」と思い、うぬぼれていると、そういう霊の声に操《あやつ》られて、あらぬ方向に行くのです。

したがって、霊道を開いて以後のチェックポイント、非常に心すべきこととして挙げられるのは、「高級霊の言葉であっても、あるいは守護霊《しゅごれい》や指導霊の言葉であっても、もう一度、八正道《はっしょうどう》というフィルターにかけて聞いてみる」ということです。これが大事です。

そういう声が聞こえてくるのは、自分自身のなかに、それを強く求めているようなことがあるからではないのか。そういうこともありうるわけです。

だから、高級霊の声であっても、もう一度、八正道というフィルターにかけて考えてみる必要があります。そして、どうしても納得《なっとく》がいかないならば、しばらく期間を置いてみて、もう一度、それが正しいかどうか、自分の心に適《かな》うかどうかを考えてみるのです。こういう姿勢が大事です。

ただ、これも、行きすぎてはいけません。高級霊が何の啓示《けいじ》を送ってきても、「すべて自分で判断するのだ」ということで、全部、勝手に自分でやるならば、これは、そういう声がないのと同じです。神も仏もないのも同然であって、これでは「自分しかない」ということになります。

これは「我流で生きていく人」でしかありません。こういう人にとっては、霊的能力を持ったり啓示があったりすることは、何の意味もないことになってしまいます。このように、すべてを「自分が、自分が」という思い上がりでやってはいけません。

ただ、高級霊と思われる声であっても、いったんフィルターを通して聞いてみて、「この声に従って行動することは、本当に自分が向上する道かどうか」のチェックが第一点として大事です。

第二点は、「他人《たにん》を害さない道かどうか」ということです。これがチェックポイントです。他人を害さないかどうか。

そして、第三点としては、「トータルな意味で神や仏の御心《みこころ》に適っているかどうか」ということが挙げられると思います。

実は、このあたりが非常に難しいところなのです。

例えば、ある人が就職したいとする。高級霊からの啓示が降りてきて、「こういうところに就職をしなさい」という勧《すす》めがあったとする。

そして、自分自身の心を考えてみると、そこに就職したいような気もするが、したくないような気もする。よく分からない。どうなるかは就職してみないと分からない。しかし、「そこに就職してみると、けっこういいかもしれない」という気はする。第一の関門を通過する。

第二の基準の検討に入る。他人を害さないかどうか。特に他人を害さないようではある。こういうことで第二の関門を通過する。

第三の関門。神や仏の心に適うかどうか。これも、考えてみると、確かにそのほうがユートピアづくりにどうやら貢献《こうけん》するようである。こういう判定ができる。

そうすると、「第一、第二、第三とも、必ずしも完璧《かんぺき》だとは言えないけれども、そこそこの水準を通過している」と思えば、もう、あとは全託《ぜんたく》をして、その道を歩んでいく。こういうことが可能なわけです。

ここで、人間心でもって、「やはり私は」と考え、「啓示を降ろしてきたのが高級霊であろうが、神であろうが、仏であろうが、やはり、自分が思ったとおりにするのだ。自分が思ったところに就職するのだ。自分が思わない会社へは行かないのだ」という考えでやっていると、これもまた自我我欲《じがが よく》のままに生きていることになります。

そういうことで、一つひとつのチェックポイントをいちおう確認する必要はありますが、最後には、心を空《むな》しくしていき、「心空しく神仏の声に耳を傾《かたむ》ける」ということも大事です。

この際に大事なことは、一つの「信頼感《しんらい》」です。全託する。信頼する。「最後には神や仏が自分を見てくださっているなら、そんな不幸な結果は起きない」という考えも大事なのです。

完全に「言うなり」になってはいけないけれども、最後には神や仏にお任せする。そして、どういうかたちであっても、自分が神や仏のために奉仕《ほうし》できるような生き方をしたい。このように思っている人には魔《ま》は入り込《こ》めないわけです。

「とにかく自分が利益をあげればよいのだ。自分の欲望が満足させられればよいのだ」という思いでやっていれば、いろいろな問題が起きますが、「最後には神や仏のお役に立つ自分でありたい」という気持ちでいれば、魔は入り込めません。これが霊的世界の真相なのです。

ですから、霊道を開いて「悟りへの第一歩」を踏《ふ》み締《し》めた方は、よくよく謙虚《けんきょ》に生きなければなりません。そして、「神や仏の使用人として、一部分として、ボランティアとして、自分は生きているかどうか」という確認を、常々、行《おこな》っていく必要があるのです。

「神や仏のボランティアとして生きている。そういう無料奉仕人として生きている」という自分を発見できたならば、あとは、その心に忠実に生きていくことです。とにかく、「霊道を開く」ということは「悟りへの第一歩」であることは事実です。しかし、それで増上慢《ぞうじょうまん》になってはいけません。うぬぼれてはいけません。「まだまだ先がある」ということを知らねばならないのです。

霊道を開くことの第二歩では、守護霊との交信だけではなく、より上位の高級神《しん》霊《れい》、指導霊たちとの交流が可能になってきます。

ただ、一般《いっぱん》に言われているように、そういう高級神霊との交流に際しては「人格の釣《つ》り合い」が大事です。

例えば、日蓮聖人《にちれんしょうにん》の霊示《れいじ》を受けるためには、日蓮聖人の霊示を受けるだけの器《うつわ》が要《い》ります。それだけの人格が要ります。それだけの徳望が要ります。知力が要ります。感性の煌《きら》めきが要るのです。悟りが必要です。

そのように、「高級神霊の通信を受けるためには、それだけの器が要る」という事実を知らねばなりません。

名前だけを語って、「自分は何々の神である」と言うかたちは数多くあります。これは日本国中にありますが、「霊示を受ける人と与《あた》える人とは、だいたい同じレベルである」ということを知らねばなりません。

ですから、やはり、生きている人の行動と実績に注目する必要があります。「それだけの人でなければ、それだけの通信はない」ということを知らねばなりません。

つまり、「最高級の指導霊の方が、あっちにもこっちにも出て指導することはない」ということを知らねばなりません。「それだけの実績があり、行動力があり、能力がある」と見られる人のところだけに出るわけです。

もちろん、これについても、判定には難しいところがあります。「われこそは、そういう人なり」と言う人は、あちこちにいるからです。したがって、これについては、やはり、客観的フィルターにかけ、「本当に世の中を納得させるだけの材料があるかどうか」という点で検討していけばよいと思います。

「霊道を開く」ということは、それに対する恐《おそ》れ、恐怖感《きょうふ》もありますが、これを通りすぎたとき、さらに大いなる悦《よろこ》びを生むものですし、さらに大いなる人生観をもたらすものなのです。そういう道があるので、どうか、恐れずに生きていっていただきたいのです。

霊道を開いても、「日々、謙虚に努力する姿勢」さえ持っていれば、転落することはありません。勇気を持って、その道を突《つ》き進んでいっていただきたい。そのように祈念《きねん》する次第《しだい》です。

第3章

霊《れい》能《のう》力《りょく》の諸相

1 霊視《れいし》

本章では、霊的《れいてき》能力のさまざまなあり方について述べていきます。

まず、代表的なものの一つとして、「霊視《れいし》」を挙げたいと思います。

霊視というものは、たいていの人がご存じかもしれませんが、この世にないものが視《み》える能力ということです。

具体的には、霊の姿、霊姿《れいし》が視えること、あるいは、あの世の世界が視えることです。場合によっては、未来の情景がありありと視えたり、過去の姿が視えたりするようなことがあります。

いずれにしても、肉眼でもってしては見えるはずがないものが視えること、これを霊視といいます。

●霊視　六大神通力（悟りを開いた者に特有の６つの能力）のなかの「天眼《てんげん》」に当たる能力。『太陽の法』（幸福の科学出版刊）等参照。

世に霊視能力者と称《しょう》する人はけっこう数多くいますが、実際上、霊視というものは、本人だけができて他の人はできないために、その確認、追体験ができないかたちになっています。したがって、周りの人たちは、その人が霊視をすることができると信じるか、信じないかという立場に置かれるわけです。

霊視ができることでもって社会的にそれほどおかしいとは見られない人のなかには、霊能力者として活躍《かつやく》している場合もありますが、霊視はできても精神異常者と見られたりすることもあります。現に精神病院に入っている人のなかにも、普通《ふつう》の人には見えないものが見えたり聞こえたりすることがよくあります。

そういう意味では、この能力にも危険な面があるということは否《いな》めないでしょう。

では、「なぜ霊視ができるか」ということについて語ってみたいと思います。

人間の目というものは、ご存じのようにレンズになっています。この世の光を網《もう》膜《まく》に受けて映像を結ぶかたちになっているため、この世ならざるものが目に映《うつ》るはずはないのです。したがって、霊視によって視ているものは肉眼によって見ているわけではないということです。これを「霊眼《れいがん》」といいます。霊眼というものがあり、その霊的な目で視ているわけです。

その霊眼はいったいどこにあるかというと、基本的には人間の目と同じ部分に視点があると考えてもよいでしょう。古来、密教《みっきょう》やヨガなどでは眉間《みけん》にチャクラがあると言われているように、目の中枢《ちゅうすう》というものが主として眉間のところにあります。これがエネルギー中枢であり、本当はここの部分でもっていろいろな霊の姿を視ているのです。

これはまことにまことに不思議な感覚でありますが、霊と肉体の関係を解き明かさずしては、この秘密は解き明かせないのです。

人間は、例えば、「外の光を感じてそれが網膜に映り、頭脳で理解してビジョンが分かる」とか「外の振動《しんどう》を鼓膜《こまく》が受け、それが脳に伝わって音が聞こえる」などと言われるわけですが、実際は脳自体が知覚しているわけではなく、それらをキャッチし、整理するための器官が脳なのです。

そうであるならば、脳に伝わって整理された情報をさらに分析《ぶんせき》し、知覚し、理解しうる主体があるということです。これが「心」の部分と言ってよいでありましょう。魂《たましい》の中心である心がそういうものを判断しているわけです。したがって、霊視というものも、実際には心の目で物事を見ているのだと言えましょう。

さて、霊視能力を持つためのきっかけとして、いったい何が挙げられるかを考えてみると、結局のところ、霊視能力の基礎《きそ》は「霊的感受性」の問題であろうと思います。

もっとも、ときには、本人の霊的感受性に関係なく、霊的な姿が視える場合もありえます。例えば、墓場《はかば》で幽霊《ゆうれい》が視えたり、突然《とつぜん》、肉親の死に遭《あ》って彼らの霊体《れいたい》が視えたりすることもあります。こういう場合には、死せる霊の念が非常に強烈《きょうれつ》であるために、それが物質化して現れてきて肉眼にも映ることが多いわけです。

ただ、通常、霊視そのものは、そういう偶然《ぐうぜん》的なものでなく、視ようと思えば視えることが多いわけです。

霊視の最初の段階は、まず、「生きている人間を見ると、そのオーラが視える」という姿が第一の段階です。頭のあたりを見てみると、淡《あわ》い光、後光《ごこう》の出ている姿が視えます。あるいは、地上に出ている光の天使と会うと、全身が金色のオーラに包まれているのが視えたり、ある人に憑依《ひょうい》している霊の姿が何となく分かったりする段階があります。これが第一段階です。

霊視の第二段階に入ると、形がもう少し明瞭《めいりょう》に視えてくるようになります。単にオーラが視えるだけでなく、その人の守護霊《しゅごれい》の姿が視えてきたり、憑依しているものの姿がはっきりと視えてきたりするような段階が、霊視の第二段階としてあります。

霊視の第三段階としてあるものは、単に姿が視えるだけでなく、さまざまな霊たちの本質が視えてきます。すなわち、「どういう性質の霊であるのか。その考えはどこにあるのか。意図はどこにあるのか」といったものが、視るなり手に取るように分かるわけです。いわゆる観自在《かんじざい》能力です。これを持つに至るようになります。

要するに、その者を視た瞬間《しゅんかん》、全体が分かってしまい、「その者が何者であるのか。どういう意図を持っているのか」といったことを即座《そくざ》に見破れる能力であり、ここまで来ると、霊視もほぼ完全に近くなってきます。

霊視のスタイルとしては、一般《いっぱん》的には、「目をつぶって瞑目《めいもく》して姿を視る」というスタイルが言われていますが、目を開けたままで視える人もいます。その場合には、目に見える姿が錯乱《さくらん》しないように、ちょうど白黒テレビで画面を観《み》るがごとく、眉間の前のほうにいろいろな霊姿が視えるかたちになることが多いと思います。

これが第一の霊視能力についての説明です。

2 霊聴《れいちょう》

霊視《れいし》と並び称《しょう》される能力の一つに、「霊聴《れいちょう》」という能力があります。これは霊の声が聞こえる能力です。

もののささやきが聞こえたり、人の声が聞こえたり、夜寝《ね》ているときに人の声が聞こえたりするなど、幻聴《げんちょう》と非常に近いところにあるとも言えます。

いわゆる幻聴というものは、耳鳴りがしたり、いろいろな人の声が聞こえたりします。精神医学的には幻聴などといいますが、このなかにはいわゆる霊聴の悪《あ》しき部分、すなわち霊障《れいしょう》であることが非常によくあります。悪霊《あくれい》に憑依《ひょうい》されていて、それが日常茶飯事《さはんじ》である場合、そうした霊のささやく声が聞こえることもあります。霊障ではありますが、これも一種の霊聴であることは事実です。

●霊聴　六大神通力のなかの「天耳《てんに》」に当たる能力。『太陽の法』（前掲）等参照。

ただ、「憑依している悪霊の声が聞こえる」ということでもって、霊聴とはいいません。こうした霊的能力も、やはり仏法真理《ぶっぽうしんり》に適《かな》ったものでなければいけないわけです。心正しく生きていて霊的能力を持った人の持つ霊聴能力は、決してそのようなものではありません。

つまり、霊聴というものは、二種類に分かれると言えるでしょう。外側から聞こえるように聞こえる霊聴、耳の外から声が聞こえるように感じるのは、主として「霊障」であり、悪霊や低級霊のささやきであることが多くあります。耳元に近づいてきて、ささやくようなかたちのものです。

「本物の霊聴」であれば、耳のそばでささやくように聞こえるのではなく、胸の奥《おく》から聞こえてきます。胸の内、体の内から響《ひび》いてくるように聞こえるのが本物の霊聴です。そういうかたちで心の底から言葉が浮《う》かんできます。

また、霊聴とはやや違《ちが》いますが、「インスピレーション」というかたちで受ける人もいます。これは、あるイメージがパッと頭に浮かぶというかたちでのキャッチの仕方です。

あたかもテレビの画面に映《うつ》るがごとく、一定の思想、イメージというものが頭へ天下《あまくだ》ってくるかたちでインスピレーションを受けるような場合もあります。

このように、天啓《てんけい》、啓示として受ける場合と、「心の奥底から声が聞こえてくる。内なるささやきの声が聞こえてくる」という場合の霊聴があります。こうした場合は本物であることが多いのです。

ただ、いつも何かに憑《つ》かれていてくっつけており、耳の外から聞こえるような霊聴であれば違っていることが多いので、非常に警戒《けいかい》をする必要があるでしょう。

では、霊聴能力はどのような場合に可能なのでしょうか。

結局、極度の霊媒《れいばい》体質になっている人は、たいていの場合、霊聴が可能になってきます。これは、自分自身の「表面意識」と「潜在《せんざい》意識層」との部分に、すでに切れ目ができているということです。そのため、自分自身の守護霊《しゅごれい》や指導霊たちとも交信可能な状態ではありますが、その心の状態が間違った方向に向いていると、悪霊たちのそそのかしを受けやすいのです。

現実に霊聴をしている人は数多くいるわけですが、そのなかで本当に天上界《てんじょうかい》の霊たちの声を聞いている人は二パーセントないし三パーセントいればよいほうであって、残りの九十七、八パーセントの人は、低級霊、あるいは動物霊、悪霊といったものの憑依を受け、そのそそのかしを聞いています。それが主流であります。

そういう意味において、修行者《しゅぎょうしゃ》は非常に警戒をしなくてはいけません。注意をしなければならないのです。私はそのように感じます。

3 霊言《れいげん》

さて、次のものは広い意味では霊聴《れいちょう》能力のなかに含《ふく》むことも可能でありますが、「霊言《れいげん》」能力というものがあります。

私自身も、すでにさまざまなかたちで多くの霊言集を世に問うています（注。二〇二〇年時点で、公開霊言シリーズを五百冊以上発刊）。それと同じです。霊言とは、「人間の肉体、肉体器官を通して霊に語らせる」というかたちのものです。

このように「人間の音声器官を通じて霊に語らせる」というかたちは、古くから霊的能力の一つの典型としてありました。昔からあったことです。古代ではシャーマン的能力というようにも言います。巫女《みこ》、あるいは神主《かんぬし》、呪術使《じゅじゅつつか》いといった者のなかにも、こうした能力を持っている者がいると言われていました。

●霊言　六大神通力のなかの「天耳《てんに》」に当たる能力。『太陽の法』等参照。

この霊言能力にも、やはり高低の差がかなりあります。

霊言能力の低いものとしては、さまざまな低級霊がかかってきて、しゃべったりするような霊言です。動物霊が来て語ることも数多くあります。

これ以外にも、いわゆるイタコの類《たぐい》のように、死者の霊を呼んで話を聞かせるものもあります。訪問者の肉親、父や母、祖父、祖母などを呼び、その声を伝えるようなことをしている人もいます。

ただ、この霊言能力というものも、大部分はいわゆる「霊体質」ということであって、「高級霊体質」ではないことが多いのです。こういう霊言をする人自身は、みな、神の使者であるように思っているものですが、実際にはそうではないことが多いのです。そして、「死者の霊を呼び寄せる」といっても、たいていは地獄《じごく》に堕《お》ちている亡者《もうじゃ》を呼び寄せることが得意な人がほとんどです。地獄の亡者であれば、みな、地上に出たがっていて、何かを言いたがっているので、そうした霊媒《れいばい》体質の人のところへ来て語ることが可能です。

それは、決して高級霊体質ではなくても、一念三千《いちねんさんぜん》、思いというものはどこでも即座《そくざ》に通じるという能力を持っているため、そのようなことが可能であるわけです。

ただ、ここから上の段階、すなわち高級霊体質となってくると、非常に難しくなります。高級霊の霊言を受けるには、それ相応の「心の修行《しゅぎょう》」が必要となるのです。

ここで説明しておかなければならないことは、霊界《れいかい》との通信のメカニズムです。どのようにして霊界との通信をしているのか、そのメカニズムはいったいどのようになっているのか、このことについては多くの人が疑問に思ったり知りたいと思っているのではないでしょうか。

結局、霊的波動《はどう》の世界というものはあるわけです。霊的世界というものについては、肉眼で捉《とら》えたようなかたちで、「こういうふうに山があり、谷があり、海があり、こういう人間がいる」というような報告をよく受けますが、それは、あくまでも人間的に見た場合の翻訳《ほんやく》した姿です。

実際には、そういう姿が本当の霊の姿ではなく、あくまでも翻訳された姿であって、あの世の世界というものは霊的波動の世界なのです。いろいろな波長《はちょう》が飛び交《か》っているわけです。

これは、ちょうどテレビの電波と同じようなものです。目には見えない世界に〝電波〟が飛び交っていて、それをキャッチし、いろいろなかたちで映像化するということがなされているのです。

したがって、霊的世界と交信をするためには、それと同じ波長のものを地上の人間が出さなければ通信が不可能だということになります。

やはり、チャンネルと放送電波の周波数とが一致《いっち》しなければいけません。こうしなければ、テレビでもラジオでも放送を受信することができません。そういうこととまったく同じです。ですから、高級霊の霊言を受けるためには、それと同じ周波数を本人が持っていなければならないというところで、厳しい段階のチェックがあるわけです。

世に有名な高級霊や神様だと語る人が地上に出ることはよくあります。そして、全国各地の神社仏閣《ぶっかく》、あるいは新興宗教、その他の宗教、あちこちに「高級霊の声が聞こえる」という人は数多くいるわけです。このなかから石を捨てて玉《ぎょく》を取るというのは非常に難しい作業であります。結局のところ、その人の人格ということになります。

「はたして高級霊と同一の人格を持っているかどうか」というところがチェックのポイントとなります。

ただ、人格とはいっても、人格そのもののレベルを凡人《ぼんじん》でもって測ることはなかなか難しいと言えます。そこで、「高級霊の霊言であるかどうか。それを伝えるべき人であるかどうか」を判断するための基準について、幾《いく》つか述べておきたいと思います。

まず、高級霊の霊言を伝えることができる条件、またはそういう人であると認定することができる条件には幾つかあります。

第一の条件は、「その人の心が常に調和されているかどうか」ということです。

自分のことを批判されるとすぐに怒《いか》ったり怒《おこ》ったりするようでは、問題外です。あるいは、憎《にく》しみの念が非常に強い、嫉妬《しっと》の念が非常に強い、憎悪《ぞうお》の念が非常に強い、異常なまでのプライドを持っている、また、異常に自分を卑下《ひげ》するなどといった極《きょく》端《たん》な心を持っている人には高級霊がかかってこないと思って間違《まちが》いありません。

その人の「心の調和」が大事なのです。これは、二千数百年の昔に、釈尊《しゃくそん》が何度も何度も説き来《きた》ったことです。

如来《にょらい》というものは解脱《げだつ》している。解脱している人というのは心穏《こころおだ》やかである。何にも執《とら》われない。心穏やかに、日々がサラサラと流れている。こういう状況《じょうきょう》が如来の境地である。

こういうことを何度も何度も説いていたことが、経文《きょうもん》にも遺《のこ》っています。

心の調和ということ、これは、言葉を換《か》えて言えば、「日々、心穏やかに生きているかどうか」、「波風が心に立っていないかどうか」ということです。

悪霊《あくれい》に憑《つ》かれていたり、魔王《まおう》に憑かれていたりする人たちは、たいてい、すぐにカーッときます。「頭にきたり、イライラしたり、あるいは愚痴《ぐち》っぽかったりする傾向《けいこう》のある人は、高級霊体質ではない」と言っても過言ではありません。

いろいろなところで宗教修行をしていたり、先生と呼ぶ人がいたりする人は数多くいることでしょうが、先生といわれる人たちの生活を見てみるとよいでしょう。やたらと「神罰《しんばつ》が下る」「祟《たた》る」などと言う。それから、「この会から抜《ぬ》けるとおまえは死ぬぞ」と脅《おど》したり、「会に入らないと大変な祟りがある」と言う。人を見ては、「何代目が祟っている。こうしなければ救われない」と言う。そして、法外なお金を要求したりする。

こういう類《たぐい》は、たいてい、完全に悪霊の虜《とりこ》になっている教祖です。そういうものには近づかないのが最も賢明《けんめい》な方法です。

このように、「心の調和」ということが第一です。

第二の条件は「実績」ということです。これは、幸福の科学でも、何度も何度も繰《く》り返して説いていますが、「それだけの人であるならば、それだけの実績が出るはずだ」ということです。

光の天使ならば、光の天使であるだけの実績をつくるはずです。すなわち、世の人々を本当に向上させているか、指導しているか、そして、その指導を受けた人たちがよくなっているかどうかということです。これが大事なのです。そういう実績の部分、「本当に世の人々が幸福になったか。その人と接してどうなったか」といったところがチェックの基準であります。

まず、「出会った人たちが幸福になったか。向上したか。人間的によくなっているかどうか」という面が一つです。

また、「実際に、その人がどういう行動を取っているのか」ということもあるでしょう。口では「人類救済」と言いつつ、実際の行いはどうであるのか、そのとおりにやっているのかということです。自分たちの団体を護《まも》るためだけに行動していて、他を誹謗《ひぼう》したり中傷ばかりしているのではないでしょうか。そういうことであっては、光の天使とは言えないでしょう。

それゆえに、「実績」が大事です。その実績としては、行動面と、その人のなしてきたもの、語ったこと、あるいは書いてきたことなどのトータルが判定されることとなります。それだけの実績があるかどうかです。

「われこそは光の大指導霊なり」と言うのであれば、それだけのものを遺したかということです。歴史上に出ている光の指導霊たちは、みな、それだけのものを遺しています。ちゃんとした実績を遺しています。

六十、七十歳《さい》になっても世に知られていないような人に、それほどの大人物はいないわけであります。それは、「四十歳にして、あるいは五十歳にして世に知られなければ、恐《おそ》るるに足らず」というような言葉でも言われるように、それなりの人であれば、やはりそれなりのものを出してくるはずです。どこかで魂《たましい》の煌《きら》めきが出てきます。それなりのものが出ます。

したがって、世に「自分は偉《えら》い、偉大《いだい》な天使だ」と言っている人の半生《はんせい》、過去をよく振《ふ》り返ってみることです。非常に傷だらけの人生、劣等《れっとう》感に満ちた人生を送っていたとしても、そこから見事に立ち直った場合にはそれなりのものがありますが、そこから逃《のが》れるがために、その劣等感の補償《ほしょう》作用として「自分は偉いんだ、偉いんだ」と言っているようであるならば、これは眉唾《まゆつば》だと思って間違いがありません。

どのような苦境になっても、偉大な人であるならば、それなりの魂の煌めきというものを発揮するはずです。そういう魂の煌めきがあるかどうかをよくよくチェックしなければならないわけです。

さらに、高級霊の声を伝えている人であるかどうかをチェックするための第三の判断基準とは、「霊言そのものの内容」にあります。

霊言のなかには、高級霊を語っての霊言というものも数多くあるわけです。ただ、地上の人間にとっては、その名前の人であるかどうかを判定することは非常に困難です。八百年前、あるいは千二百年前、二千年前のそのことであるかどうかを判定するのはほとんど困難でしょう。そのころのことを質問するにしても、当時の資料が十分に遺っているわけではないため、非常に困難です。そこで、判断する基準は、やはり、その霊言の内容自体、中身自体にあると言わざるをえません。

では、（高級霊の）霊言の内容、中身をどのようにして判断すればよいのでしょうか。「それが本物であるかどうか」を見分ける基準が三つあります。内容を判定する基準が三つあるのです。

第一は、その霊言のなかに、「一つの気品があるかどうか」です。地上の人が言った言葉だとして、それなりの人格の気品が感じられるかどうか、高貴な感じが漂《ただよ》っているかどうか、香《かお》りがあるかどうか、高貴な雰囲気《ふんいき》が漂っているかどうかです。

こうした気品があるかないか、ここが問題です。「自分は偉い、偉い」と吹聴《ふいちょう》しているだけであったり、あるいは人に手厳しいことを言っているだけであってはいけません。高級霊であれば、その言葉のなかにそれなりの気品というものがあります。これがあるかどうかです。

この気品のなかには「謙虚《けんきょ》さ」というものも含まれていると思います。謙虚な姿勢を取っているかということです。偉大な方であればあるほど、謙虚な姿勢というものを取っています。「われのみが偉い」というような言い方はめったにされるものではありません。特に必要がある場合があって、そういうことをすることもありますが、たいていの場合は謙虚です。その謙虚さがあるかどうかです。

内容の判定基準の第二は、結局、「その内容が人々を幸福にするような方向性を持っているかどうか」です。霊言の内容、目的が人々の幸福を願う内容であるかどうかというところを見なければいけません。内容が人々を不幸にするような文句《もんく》で満ちているようなものは警戒《けいかい》しなければいけません。内容が「人々をどうしたら不幸にできるか」というようなものであれば、それは大変なことです。そういうものは、やはり避《さ》けて通らなければならないでしょう。

「人々をどうすれば幸福にできるか。少しでも向上させられるか」といった熱意があるかどうかという判定基準であります。

「祟りがある」「このようなお告げがあったから、おまえたち一家は死ぬであろう」などと言うような霊言であるならば、その内容を疑って間違いありません。高級霊というものは、そういうことはなかなか言わないものです。よほどのことがなければ言いません。あるいは、とにかく人の悪くなることばかりを言っておく、悪い予言ばかりをするなど、脅し、すかし、脅迫《きょうはく》等が多分に入っているものというのは、やはり眉唾です。

そうではなく、人々の幸福を願う言葉があるかどうか、目的性があるかどうかというところがポイントになります。

正しい霊言であるかどうかの判定基準の第三は、「霊的世界のことを整然と説明ができるかどうか」ということです。その霊が整然と説明できるかどうかというところがポイントです。

自分自身が霊であるにもかかわらず、「死後の世界はない」と言ってみたり、あるいは「転生輪廻《てんしょうりんね》はない」と言ってみたりし始めたら、たいていは悪霊だと思ってよいでしょう。世に宗教家や霊能者は数多くいると思いますが、その霊能者たちが、「人間には転生輪廻がない」「あの世の世界、来世《らいせ》はない」などと言い始めたら、これはもう完全に悪霊に憑かれていると思って間違いありません。

まず、転生輪廻の否定をすることです。

もう一つは、「あの世の世界にはいろいろな段階があり、天使の世界がある」ということを上手に説けない霊です。混乱と闘争《とうそう》に満ちた話ばかりをするような霊は（高級霊としては）本物ではありません。

天使というものは、ある程度、理知的にいろいろな話をすることができます。そのようなことができるかどうか、説明ができるかどうかです。

したがって、霊言をしている人に、それが本物であるかどうかを試《ため》すためには、その霊に対し、霊的世界の説明を求めればよいのです。それが説明できないようであるならば、地獄霊であることが非常に多いでしょう。

結局、自分の経験というものが非常に暗い世界に閉《と》じ込《こ》められているわけです。そのなかで責め苛《さいな》まれているというだけの霊であれば、空想が働く余地もないのです。ましてや、菩薩界《ぼさつかい》や如来界の説明はできるものではありません。そうした世界について上手に説明ができるかどうかといった観点から研究してみてください。

以上が霊言の内容に対するチェックの方法です。

このようなことは今後もいろいろと起こってくるでしょうから、この基準を適用して判断を頂きたいと考えます。

4 霊夢《れいむ》

さて、これもよくある話ですが、「霊夢《れいむ》」というものがあります。「霊の夢」ということです。

覚醒《かくせい》時、目が覚めているときには霊的能力を発揮しないけれども、寝《ね》ているときにそうした能力を発揮する人がたくさんいます。寝ているときに死んだ人と会って話をしたり、また、いろいろな先のことを見たり、物事の原因を知ったり、あるいは睡眠《すいみん》中にインスピレーションを受けたり、人生の岐路《きろ》のときに夢のなかで判断の答えが出るというようなことが数多くあります。この霊夢も、やはり、霊的能力の一つです。

人間は、睡眠中、特に熟睡中は魂《たましい》が肉体から抜《ぬ》け出していくことがよくあります。

八時間の睡眠を取る人であるならば、そのうちの数時間、最低でも二時間や三時間は霊的世界に魂が遊んでいることも多いのです。そうしたときに、人々は霊的世界を垣間《かいま》見ています。

夢の世界では奇想天外《きそうてんがい》なことがよく起こります。これは、霊的世界の象徴《しょうちょう》です。例えば、夢のなかで空を飛ぶ夢、あるいは海の底に潜《もぐ》る夢、あるいは追いかけられる夢など、いろいろな夢があると思いますが、そのように空間を移動している夢は、たいていの場合は霊夢であり、霊界《れいかい》をさまよっていることが多いわけです。

また、夢のなかですでに亡《な》くなった人と会って話をしたりするようなものも霊夢であり、魂が肉体から抜け出していることが非常に多いのです。

なかには、この霊夢を利用して、寝る前に自分の願い事を祈《いの》ってから寝て、夢のなかでお告げを受けるといったことをしている人もいます。このようなことも、ある程度、精神修行《しゅぎょう》ができれば可能となってきます。

殊《こと》に、守護霊《しゅごれい》などは、本人に対し、できればいろいろな答えをしてやりたい、与《あた》えてやりたいと思っています。

そのため、霊能者ではない一般《いっぱん》の人たちが間違《まちが》いのないかたちで霊的世界との接《せっ》触《しょく》をしようとするならば、「夢のなかで霊的現象を体験する」ということが、比較《ひかく》的、間違いの少ない方法であろうと思われます。

その際にはどうすればよいでしょうか。

まず、寝る前に、心のなかのわだかまりがあまり多いと難しくなります。寝るときの状態、睡眠に入る前の心の状態が大事であり、このときに、心の波動《はどう》が非常に乱れていると、魂が抜け出しても地獄界《じごくかい》で迷うことになります。心の波動が非常に精妙《せいみょう》であれば、天上界《てんじょうかい》へと舞《ま》い昇《のぼ》っていき、そこでさまざまな啓示《けいじ》を受けたり指導を受けたりするようになります。

そういう意味において、霊夢を見るための条件としては睡眠に入る前の心の状態が大事であり、寝る前にある程度の精神統一をする必要があるということです。自分の一日を反省する、あるいは瞑想《めいそう》をしてみるといったことが大事であろうかと思います。

そうした状態で睡眠に入っていくと、たいてい、心は天上界に向いているため、自分の守護霊と話ができることもよくあるわけです。

したがって、守護霊と話がしたいと思う人は、夜、寝る前に心の調和をし、一日のことをよく振《ふ》り返って反省し、「守護霊様、どうか、睡眠中に私の懸案事項《けんあんじこう》、問題についての答えを与えてください」と祈って眠《ねむ》りに入ると、夢のなかで必ず何らかの答えが得られることになるでしょう。

それは、必ずしも守護霊の顔をした者が出てきて答えるわけではありませんが、例えば、学校の先生の顔で出てきたり、友人の姿が出てきたり、亡くなった父母のかたちで出てきたりと、さまざまなかたちで出てくることがあるのです。

そのようなかたちで、自分の懸案事項の答えが出ます。

あるいは、自分の未来を見てしまうこともあります。問題の未来を見てしまう、そして、解決された姿を知ってしまうということもあります。

こうした手法はトレーニングによって可能です。ですから、心の波長《はちょう》を乱さずに睡眠に入る練習をし、守護霊からインスピレーションを受けられるような訓練を意図的にすれば、だんだんはっきりとしたかたちで指導を受けられるようになります。

事業で行き詰《づ》まったとき、勉強で行き詰まったとき、人間関係で行き詰まったときなどにも、心、平静にして睡眠に入り、守護霊の指導を受けるということは可能です。いわゆる一般人であっても、これは可能な霊的能力です。

5 予知

次に、「予知」ということについて述べていきたいと思います。

霊的《れいてき》能力と予知とは不可分です。霊能力がある人は、何らかの先のこと、未来のことが読めるとよく言われます。また、霊は運命を予知しているとも言われます。

この霊的能力と予知の問題もけっこう難しい問題です。

予知とは「未来が分かる」ということですが、百発百中というわけでないことはご存じのとおりです。つまり、外れることがあるのです。ただ、外れることがあるから間違《まちが》っているかといえば、そうでもない面があります。ここがいちばん難しい面でしょう。

では、どうすればよいのでしょうか。この外れるかもしれないという予知能力に

●予知　六大神通力のなかの「宿命《しゅくみょう》」と関連する能力。『太陽の法』等参照。

ついては、結局、このようなことが言えると思うのです。

霊的世界においては、本来、時間がありません。この世的な、時計で計れるような二十四時間といった時間はないということです。なぜならば、一日二十四時間というものは地球が自転する速度でもって計られているからです。しかし、霊的世界では、地球の自転はもはや関係がない世界に入ってきます。

その意味においては、彼らは、永遠の生命を生きていて、この世的なる時間を生きていないため、彼らが「何年何月にこういうことが起きる」と言ったとしても、それはなかなか当たりにくいわけです。ですから、高級霊たちは、「現実に起きる」というビジョンを見ていることは多いのですけれども、それが時間的にずれることもよくあるのです。

したがって、予知のときに大事な心掛《こころが》けとしては、「時間というものをあまり指定してしまわない、確定してしまわない」ということです。何か予知的なものを受けた場合には、「将来的にそういうことがありうるかもしれない」という程度でよいわけです。それ以上に深入りしないことが賢明《けんめい》であろうかと思います。

ただ、高級霊のなかには、予知というものを専門にしている霊たちがいることも事実です。こういう霊たちの能力は職業的な能力であるため、やはり、実際にかなりのところまで分かるようではあります。もっとも、かなりのところまで分かった彼らが、そのすべてを地上人に伝えてくるかどうかということについては、いまだ疑問があります。すなわち、必ずしもそうはしないということです。そのあたりについては、微妙《びみょう》に伏《ふ》せられている面があるわけです。

なぜ、予知を伏せる面があるのかといえば、結局、地上の人間がとらわれてしまうからです。それによってとらわれてしまってはいけないという理由のために、そういうことがあるわけです。

これが予知に関する概論《がいろん》ですが、結局、この現象は霊的世界の存在を証明するための方便《ほうべん》でもあることは事実です。

この世の人には先のことが分かりません。ただ、あの世の霊であれば、多少、先のことが見えるところもあります。そのため、あの世の存在証明のための一つの方法論ともなっていることもあるのです。

例えば、「虫の知らせ」というものがあります。「あの人はもうすぐ死ぬんじゃないかな」と思っていると、そのとおりに亡《な》くなってしまったとか、「たぶん、このころにいいことが起きるのではないか」と思っていると、そのとおりに起きるといったことがあるでしょう。こういうものを感じることによって、人間はこの世ならざる世界を知ることがあります。

そういった意味では、予知にも霊的世界へ誘《いざな》うためのきっかけとなることがあるわけです。そのように役立つ面もあると言えるでしょう。

6 幽体離脱《ゆうたいりだつ》

本章の最後に当たって、「●幽体離脱《ゆうたいりだつ》」の話をしておきたいと思います。

幽体離脱というのは、文字どおり、「肉体から魂《たましい》が離《はな》れる」ということです。肉体から魂が離れてあの世をさまようことを幽体離脱といいます。英語で「テレポーテーション」と言うこともあります。

幽体離脱は、ある意味では、人類のほとんど全員が経験をしています。それは、睡眠《すいみん》中に霊的《れいてき》世界に遊ぶという事実があるからです。そういう事実において、幽体離脱は誰《だれ》もが経験をしており、潜在《せんざい》的にはほとんどすべての人が霊能者だと言うことができるでしょう。

さて、しかし、睡眠中の幽体離脱ではなく、生きたまま、そのままで、目が覚め

●幽体離脱　六大神通力のなかの「神足《じんそく》」に当たる能力。『太陽の法』等参照。

ている段階で幽体離脱が可能かどうかということについて、多少の検討をしてみたいと思います。

そのようなことが可能だった例としては、北欧《ほくおう》の霊能者であるスウェーデンボルグなどが有名です。この方などは、部屋に鍵《かぎ》をかけ、長いときには一週間も死んだような状態になって、あの世を探検していたと言われています。こういう幽体離脱という能力があるのです。

ただ、この場合、肉体のほうが仮死状態となっているために、危険性があります。霊子線《れいしせん》というものが霊と肉体とを結んではいますが、肉体がいちおう空《あ》けられたかたちになるので、この間《かん》、悪霊《あくれい》・邪霊《じゃれい》の類《たぐい》に肉体を支配されないとも限りません。そういう意味において非常な危険も伴《ともな》うわけです。

したがって、幽体離脱を頻繁《ひんぱん》に行うためには、守護霊《しゅごれい》や指導霊たちの援護《えんご》が必要です。彼らによって護《まも》られていないと非常な危険を伴うわけです。

ただ、この幽体離脱も、ある程度の霊的能力がついてくると、だいたい可能になってきます。それを可能にする条件としては、やはり、一日のうちで心穏《こころおだ》やかな時間が取れることです。それがなければ無理でしょう。他人《たにん》の妨害《ぼうがい》を受けない時間、干渉《かんしょう》を受けない時間が必要なのです。そういう時間なくして幽体離脱はできません。

しかし、他人の妨害がない時間、平静な時間というものは、現代においてはほとんど取れないわけです。ほとんどの現代人は、常に忙《いそが》しく働いており、人と話をしているという状況《じょうきょう》にあります。

そういう意味では、古来からあるように、「山に籠《こ》もって瞑想《めいそう》などをすると幽体離脱の体験をしやすい」ということが言えると思います。

では、幽体離脱をすると、具体的にはどのようになるのでしょうか。

たいていの場合、禅定《ぜんじょう》をしながら幽体離脱をすることになりますが、肉体を抜《ぬ》けていくと、次第《しだい》に自分の体が眼下に視《み》えてくるようになります。下に座《ざ》している自分の体が視え、ちょうど、殻《から》を脱いだ蟬《せみ》のようなかたちになってきます。「もう一人の自分がいる」という体験をするのです。

そして、肉体の目で見るのと同じように、部屋の様子、天井《てんじょう》の様子、窓の様子といったものがはっきりと視えます。やがて、体がどんどんと上昇《じょうしょう》し、家の天井を突《つ》き抜けていきます。天井を突き抜け、屋根の上に出ます。そして屋根が視えます。夜であれば、外に星が広がっているのが視えます。昼間であれば、いろいろな民家や遠くの景色が視えます。このようにして、あちこちを漂《ただよ》うことがあります。

また、目的意識を持って幽体離脱をする場合には、一瞬《いっしゅん》にして外国に行ってみることも可能です。肉体は日本にありながら、中国に行ってみたり、ロシアに行ってみたり、アメリカに行ってみたりすることも可能です。

ただ、幽体離脱には、そのように魂そのものが肉体から抜け出す場合だけでなく、「念」として抜け出すというかたちもあります。それは、観自在《かんじざい》能力に非常に近い能力です。

座して瞑想している途中《とちゅう》に、遠くのもの、例えば外国の世界を視ようとすると視えてくることがありますが、こうしたときには、すでに、「肉体にあって肉体にあらず」という段階にあって、念だけで遠くまで視ることができるわけです。このような状態があります。

これなども、肉体のなかに宿っている魂の一部が念として幽体離脱し、さまざまなところを視ているというかたちでの幽体離脱をしているのです。すなわち、「ここに座しながら遠くのものを視ることができる、感じ取ることができる」というかたちでの幽体離脱もありえるわけです。

また、幽体離脱の特殊《とくしゅ》な形態として、「物質化現象」というものがあります。

その場合、肉体を出ていった霊が、まったく別のところで物質化して普通《ふつう》の人間と同じように現れたり、同時存在するようなことも可能です。古来、インドのヨガの仙人《せんにん》のなかには、そういうことのできる人がたくさんいます。霊体《れいたい》を物質化して出てくるようなことができる人は数多くいるわけです。

そのようにさまざまなかたちのものがありますが、あくまでも、幽体離脱はそうした体験にすぎないと知る必要があるでしょう。つまり、これは、霊的世界の体験、異常の世界の体験ということにとどまっているのではないかということです。その意味において、あくまでも現象の一環《いっかん》であり、それほど重要なものではないと思います。

やはり、最も大事なことは、霊的世界の実相を示すための「法理論」であり、「文証《もんしょう》」●であると感じるのです。これが核《かく》の部分であって、そうした現象そのものは、付帯部分、付属部分にすぎないのではないかと考えます。

以上、霊的能力の説明を、種々、してきました。

結論としては、霊的能力というものは、実相の世界、実際の世界を人々に知らせるための方便《ほうべん》でもあるし、またきっかけでもあります。この意味において、非常に大きな意味があると言えるでしょう。ただ、危険を伴うことも事実であり、そのことはみなさんが経験則として学んでいるとおりです。

したがって、自《みずか》らに何らかの使命があって霊的能力を持った人であるならば、よくよく心して生きなければいけません。謙虚《けんきょ》に努力しながら生きなければならない

●文証　正しい教えであることを証明する３つの証として「文証」「理証」「現証」がある。「文証」は、仏法真理の書籍など言葉に表せる教えがあるということ。『ダイナマイト思考』（幸福の科学出版刊）参照。

のです。そして、多くの人々の手本となるような人生を生きなければいけません。
そうであってこそ、初めてその霊能力を生かすこともできるのではないでしょうか。
この考え方が、次の章で述べる「漏尽通力《ろじんつうりき》」につながっていくわけです。

第4章

漏《ろ》尽《じん》通《つう》力《りき》

1　釈迦《しゃか》の教え

本章では、本書の表題でもある「漏尽通力《ろじんつうりき》」について話をしていきたいと思います。

まず、「漏尽通力」という言葉ですが、この起源は、実は釈迦《しゃか》の教えにあります。ゴータマ・シッダールタという人間は、今から二千六百年近い昔、インドにて活躍《かつやく》した人間です。そして、仏教を説いた方であることは、すでに多くの方がご存じであろうと思います。

その釈迦の教えの根本《こんぽん》にあるものはいったい何かというと、「自分づくり」ということでした。「それぞれ人間がこの地上に降りている理由は、『地上という環境《かんきょう》を勉強の材料として、それぞれに魂《たましい》の修行《しゅぎょう》をしていきなさい』という意味である。

したがって、個人個人の学びなくして、地上の意味はないのだ」という考え方が根本です。

その意味において、釈迦の教えは、やはり発生点において自力《じりき》であると言えると思います。最初から「神の名を呼べば救われる」とか、そうした他力《たりき》によって救われようという思想ではなかったのです。「まず自分を磨《みが》いていけ」という考え方であったと思います。

この考え方が、いわゆる「自灯明《じとうみょう》」という考え方に象徴《しょうちょう》されるわけです。「自《みずか》ら照らしていきなさい。自らの内なる灯《ひ》をともしていきなさい。誰《だれ》にともしてもらうでもなく、自ら、自分自らが、自らを照らしていきなさい」という教えです。これを自灯明といいます。

これ以外にもう一つの教えとして、「法《ほう》灯明」という考えもあります。「私が亡《な》くなったあとには、私の説いた法を中心として、その教えを宗《むね》として生きていきなさい。他人《ひと》に頼《たよ》るのではなく、その法を拠《よ》りどころとして生きていきなさい」という考えも述べています。これを法灯明といいます。この自灯明論・法灯明論は、釈迦の教えの根本の一つです。

では、「なぜ釈迦は自分を磨くことを主張したか、考えたか」ということですが、それは結局において、神の創られた宇宙全体の進歩につながっていくからです。「『それぞれの者が、それぞれの持ち場を守りながら、持ち場において学んでいく。そして、向上していく』ということが、全宇宙が向上していく姿につながっていくのである」という考え方です。

したがって、釈迦の教えの根本においては、「単なる祈《いの》りによって世界を変えていこう」とかいう考えはなかったと言えましょう。やはり、「自分を見つめ、自分をつくっていく」という考えを重視したのです。これを「利自即利他《りじそくりた》」(伝統的には、「自利利他《じりりた》」ということが多い)ともいいます。「自分を利する生き方のなかに、他を利していく」という考え方です。

「自分を利する」という言葉を捉《とら》えてみると、「利する」という言葉は、現代では必ずしもよい意味を持っていないかもしれませんが、「自分の向上する道を究《きわ》めていくなかに、他の人の向上を目指していく」という考え方です。これは、皮相な捉え方をすれば、エゴイスティックに聞こえるかもしれませんが、決して「利己主義者になれ」と勧《すす》めているわけではないのです。

「自分は滅《ほろ》びていくけれども、他だけは助かる。あるいは、自己犠牲《ぎせい》でもって他だけが生き残る」という考え方は非常に美しいように見えるけれども、そこには一種の悲劇性があることは否《いな》めないと思います。「そうしたかたちも、真理の伝道においてはいろいろな場合に現れてくることもあるけれども、やはり大調和・大発展へはつながらない」というのが、この考えであります。

やはり、「それぞれの人間がよくなっていく。そして、よくなっていく方向において、他を害さずに、他も発展させていく、繁栄《はんえい》させていく」という考え方が、釈迦の根本であったわけです。そして、こういう考え方を持っていたからこそ、仏教はその後、大いなる発展を見たと言えるのではないかと思います。

仏教の基礎《きそ》には、非常に寛容《かんよう》な考え方があります。その寛容さの根本にあるものは、結局、何かというと、すべてのものの発展につながる考え方です。「自らを矯《た》めて、自らの間違《まちが》いを正し、そして、向上を目指していく。そのなかに、他を害さず、他の発展を含《ふく》めていく。中道《ちゅうどう》のなかにおける発展を重視しているからこそ、すべてが発展していく。そして、それぞれの立場を配慮《はいりょ》し、寛容さを持つことができる」という考えがあるわけです。

この釈迦の教えを基礎に、いわゆる霊能力《れいのうりょく》を考えてみると、どうなるでしょうか。現在、巷《ちまた》にある数多くの霊能者たちのあり方を見てみると、「彼らの大部分は危険な霊能力信仰《しんこう》に陥《おちい》っている」と言えなくもありません。

危険な霊能力信仰とはいったい何であるかというと、結局、生身《なまみ》の刀、日本刀を素手《すで》で振《ふ》りかざしているような状態のことです。使い方を知らない人が日本刀を振りかざしている。したがって、「他人《たにん》を傷つけることもあるけれども、間違うと自分をも傷つけてしまう」という危険さが、霊能力にはあるのです。

しかしながら、そうしたことはそうしたこととして、世の霊能者の多くは、そうした日本刀を振りかざすことをもって、非常な自己顕示欲《けんじよく》を満たしていると言えるのではないかと思います。

これを、釈迦の考え、利自即利他、あるいは自灯明論・法灯明論と比較《ひかく》してみると、非常に大きな違いがあると思われます。霊能力を持つということが、結局、他を生かすことにならず、自分をも破滅《はめつ》させることになりかねないわけです。こういうことは非常に危険です。

そういう意味において、釈迦は、六大神通力《じんつうりき》という神通力をすべて兼《か》ね備えていたけれども、通常はそうしたものを隠《かく》していて、そのまま顕示はしなかったわけです。持っていて使わないのと、持っていなくて使えないのとでは、表面的には同じであるけれども、質的には非常に違ったものがあります。ここが肝要《かんよう》なのです。

こうした、「自分の隠されたる力、秘《ひ》められたる力を隠す、抑《おさ》える、現代的に言えばセーブする」という考えのなかに、釈迦の教えの煌《きら》めきがあるわけです。

●六大神通力　仏陀（悟りたる者）特有の能力。天眼《てんげん》（霊視能力）、天耳《てんに》（あの世の霊の声を聞くことができる能力。霊言能力）、他心《たしん》（人の気持ちが手に取るように理解できる能力）、宿命《しゅくみょう》（自分の将来や、他人の運命が分かる能力）、神足《じんそく》（幽体離脱能力）、漏尽《ろじん》（欲望に振り回されず、それを自由に超越する能力）の6つをいう。

持っている力を溜《た》めていく、蓄《たくわ》えていく、蓄積《ちくせき》していく。そして、その光をそのままほとばしらせるのではなく、光の底光りする力でもって、人々を感化していく。ギラギラした光を放つのではなく、〝いぶし銀〟のように光る光でもって、人々を感化していく。人々の目を害さない光でもって、感化していく。こういうことを中心としていったのです。

したがって、世に言う霊能信仰は、明らかに、キラキラと輝《かがや》く鏡あるいはガラス細工《ざいく》のような光を放っているわけですが、これは、他人の目にも有害であるし、ともすれば自分の目をも傷つけることになりかねません。そういう害があるのです。

この意味において、直接的な光ではなく、間接的なる光でもって人々を教化《きょうけ》し、影響《えいきょう》するということは、非常に大きな我慢《がまん》と辛抱《しんぼう》が要《い》るものです。また、忍耐《にんたい》が要るものです。

ただ、「忍耐は要るけれども、これは大いなる発展への道であり、大完成への道でもある」と言うことができると思います。

自らの能力を衒《てら》ったり、奇《き》を衒ったり、他人から注目されようと思ったり、有頂《うちょう》天《てん》になったりする心。その心のあり方は、大いなる間違いです。そうした心でもって生きてはならないのです。やはり、人々は、他を刺激《しげき》し、他の人を驚《おどろ》かし、「鬼《き》面《めん》人を驚かす」ような生き方でもって、自己満足をしてはならないのです。

他の人を畏怖《いふ》させたり驚かしたりするような生き方のなかに、真理はありません。そうではなく、自分というものをしっかりとつくっていく。自分自身のなかに力を蓄えていく。その力を全部発散するのではなく、少しずつ少しずつ、漏《も》れてくる光でもって、人々を教化していく。これが、「自分を崩《くず》さず、他を刺激しすぎないうちに感化・教育していく」という偉大《いだい》な方向性となるのです。

これからは、「三十年、四十年、五十年かかって、人間が完成していく道、また他の人々を導いていける道」というものを大いに検討しなければならないと私は思います。単に、一時的な自己満足や、一時的な評判や人気のために、霊的能力を誇《こ》示《じ》してはならない。そう強く強く考えるものです。

2　現代的霊能者《れいのうしゃ》のあり方

以上の観点でもって、現代的な霊能者《れいのうしゃ》のあり方を再検討してみたいと思います。

現代の霊能者の諸相は、いったいどのようなものでしょうか。少なくとも、大多数は世の尊敬を受けていないということは事実であろうと思います。世の尊敬は受けていないけれども、なかには、世の興味を引いている人は数多くいます。「他人《ひと》にはできないようなことをする」ということでもって、若者の目を引きつけたり、心を惹《ひ》きつけたりすることは、数多くやっているように思います。

例えば、「ある種の行法《ぎょうほう》をやれば自分の運命が変わる」とか、「炎《ほのお》のなかに龍《りゅう》を出してみせる」とか、「祈《いの》りさえすれば、すべてがよくなる」とか、「このお札《ふだ》をつければ、すべての病気から逃《のが》れられる」とか、「このご神水を飲めば、たちどころに病《やまい》が癒《い》える」とか、「入会すれば天国に行ける」とか、こうしたことを数多くやっているようで、そのようすがとして、霊的能力を誇示《こじ》している人々が多いと思います。

確かに、霊的能力自体は、神が人々に真理を教えるための方便《ほうべん》として与《あた》えているものなので、多くの人々を教化《きょうけ》し、影響《えいきょう》を与え、多くの人々に真理を気づかせるための方便としての霊能力はありうるわけです。しかしながら、それが行きすぎた場合には、世の常識を覆《くつがえ》すのみならず、人々を転落させる、あるいは人心《じんしん》を迷わせる恐《おそ》れを持っていることも事実です。

したがって、「宗教は本来、素晴《すば》らしいものでなければならないし、本来、世から評価されるべきものでなければならないにもかかわらず、宗教という言葉自体が、日本において悪《あ》しきイメージを醸《かも》し出している」という現状の原因はいったいどこにあるかというと、巷《ちまた》の霊能者たちの数多くの暗躍《あんやく》にあるのです。彼らが姑息《こそく》な手段をいろいろと用いて、人々を惑わし、また、いろいろな利益の追求をしたりしている。そういうことが原因で、混乱が起きているわけです。

こうした現代的霊能者のあり方を見るときに、やはり、「漏尽通力《ろじんつうりき》、すなわち、霊能力を持ちながら、現代人と同じ、通常人と同じ、平常人と同じ生き方ができる、いやそれ以上に優《すぐ》れた生き方ができる人は少ない」と感じます。

特に「神の声を聞いた」「高級霊の声を聞いた」という人たちの群れのなかに、異常な人が多い。こうした事態は、断固として改革していく必要があります。こうした現状の改革は、どうしてもやらねばなりません。この霊能者の諸群、霊能者諸像、このあり方の改革は、どうしてもやる必要があります。

それは、「この地上界においては、霊的能力に関して『何が正か、何が邪《じゃ》か』『何が真で、何が偽《ぎ》か』ということを判定する基準がない」ということが非常な問題となっているわけです。

私たちが、続々と霊現象を見せ、霊言集《れいげんしゅう》を世に問うている理由の一つも、そうした物差しをつくらんとしているためです。もちろん、「霊能者によって、さまざまに現象が違《ちが》ったり、教えが違ったりする」ということは、個性の一環《いっかん》、さまざまな多様な個性の一片の光と見ることもできるけれども、私たちは、多様な霊言集を世に問うことによって、「それは、多様な考え方のなかに包摂《ほうせつ》される教えであるのか、その基準からまったくズレているものであるのか」ということを問おうとしているのです。

こうしてみると、現代的霊能者のあり方でいちばんの問題は、「その者たちの教えを受けたり、その者たちの修法《しゅうほう》、行法を学んだ人たちが、異常な世界に入っていくことが多い」ということです。それともう一つは、「霊能力信仰《しんこう》といって、『霊能力を持つこと自体に意味がある』という考え方に陥《おちい》っていく可能性がある」ということです。これは非常に戒《いまし》めるべき現象です。こうした霊能力信仰に陥ってはなりません。

実際、霊視《れいし》をすることができる者から見れば、神とか、仏とか、高級霊とかと名乗っているものが、単なる動物霊にしかすぎないことも数多くあります。最高の知性を備えたはずの人間が、尻尾《しっぽ》をユサユサと振《ふ》っている狐《きつね》とか、蛇《へび》とか、こうしたもの言いなりになっている。こんなバカなことが現実にあるのです。

人間はもっと尊厳を持たねばなりません。そして、人間が尊厳を取り戻《もど》すためには、やはり、真理の世界を正確につかむ必要があります。真理を間違いないものとして受け止める必要があります。

「知らないということは、罪だ」ということを知らねばなりません。知らないからこそ平然としていられる。それが、現在の大多数の人々のあり方ではないでしょうか。霊的世界を知らないことを当然だと思っている。当たり前のことだと思っている。そして、霊的なことを知っている人といえば、みな、おかしい人と決めつける。こういう常識は、どうにかして覆していかねばなりません。

霊的世界のなかに素晴らしいものがあることを示し、そして、その素晴らしいものの光で照らしてみることによって、「悪しきものが、どれだけさまざまに暗躍しているか」ということを、はっきりさせてしまう必要があります。日の光に照らされたら、〝害虫たち〟はやがて退散していくことになっているのです。日の光が足りないのです。害虫を退治することよりも、日の光をもっともっと強くしていく必要を感じるのです。

さすれば、私たちの目標は、決して霊能力を否定することにはありません。ただ、「霊能力が付随《ふずい》することでもって、その人がいっそう素晴らしい人格を築き、いっそう素晴らしい力を持っており、いっそう多くの人の尊敬を受けるような生き方ができる。こういうあり方でありたい」と考えるわけです。それが現代的な霊能者のあり方ではないでしょうか。

すなわち、「神が言った」「仏が言った」「高級霊が言った」ということ、こういう言葉を抜《ぬ》きにして、その人自身の考え、言動、行動、信条、思想、過去、経歴が、はたして世に出して恥《は》ずかしくないものであるかどうか。これが問われているのです。世に出して恥ずかしいような経歴ではないかどうか。「まったくの精神錯乱《さくらん》のなかで、突然《とつぜん》に悟《さと》った」というようなものであってよいわけではないし、「失意のままで何十年も生きているうちに、突然、神の声が聞こえた」、あるいは、「崖《がけ》から落ちたときに神の声が聞こえた」ということが、本当に真理への誘《いざな》いであるはずがないのです。

神が自《みずか》らの独《ひと》り子《ご》であるとか、自らの側近き者たちを、本当にこの地上に遣《つか》わしたならば、彼らは、この世的にも優れた能力を持っているはずです。持っていなければ、そんな人が天上界《てんじょうかい》において、最高指導霊としてやれるはずがないのです。この世的にも、それなりの力量を持っているはずです。そういうことを言うことができるのではないでしょうか。

したがって、「神の声が聞こえる」とか、そうした霊的能力を取り去り、その人が裸《はだか》で勝負をしたときに、値打ちがある人間かどうか、ここが分かれ目です。少なくとも、そのときに、平均以上の人と言われるような、あなたがたでなければ、霊的能力を持っていることはマイナスにしかすぎません。まったくのマイナスです。それを取り去ったときに、平均以上の人間であるか、人物であるか、人柄《ひとがら》であるか。これが問題です。

　このように、現代的霊能者のあり方は、「霊能力を取り去ったときに、どれだけの実力があるか」というところで測らねばなりません。そして、「そうした優れた人物が、霊能力を持つことによって、さらにその能力が倍化、二倍、三倍、四倍になっていく」というあり方であってよいのです。霊に翻弄《ほんろう》されるようであってはいけません。こういうことを私は強く思うものです。

3 霊媒《れいばい》体質の克服《こくふく》

現代的霊能者《れいのうしゃ》のあり方に引き続いて、「霊媒《れいばい》体質の克服《こくふく》」という話をしておきたいと思います。

霊媒体質の克服というのは、結局、霊能者すべてへの警鐘《けいしょう》でもありましょう。霊能者で、霊媒体質ではない人間はいません。霊視《れいし》ができる能力とか、霊言《れいげん》能力とか、霊聴《れいちょう》能力とか、予知能力とか、いろいろな能力がありますが、それらがすべて霊媒能力と関係しています。

霊媒能力とは何かというと、肉体に霊をかからせる力です。これを持っていない人間はいないのであって、釈迦《しゃか》も、キリストも、モーセも、ある意味では霊媒能力の持ち主でした。すなわち、霊的能力の源《みなもと》として、自分の肉体そのものを使うことができる人たちです。

「霊的交信機器として、自分の肉体を使える」ということは、「肉体を支配している心が、それだけ精妙《せいみょう》な波長《はちょう》を出すことができる」ということを意味します。肉体そのものに大きな意味があるわけではありません。「肉体を支配している心に、それだけの力があり、その心が肉体と調和している」という現状でもって、霊媒体質というのがありうるのです。

ところが、霊媒体質にも、「高級霊媒体質」と「低級霊媒体質あるいは悪霊《あくれい》体質」とがあります。そして、世の九十数パーセントは、低級霊媒体質あるいは悪霊体質です。「悪霊たちのなすがままにされている。翻弄《ほんろう》されている」というのが現状であることが多いのです。

こうした霊媒体質になってくると、今度は、霊を追い出そうとしても追い出すことができなくなってきます。不意に、いろいろな声が聞こえてきたり、いろいろな霊がかかってきて体が動いたりして、これを克服することができなくなってくるのです。

そして、彼らの声がささやきとして耳のところから聞こえてきます。「今日は車に乗れ」とか、「今日はどこそこに行け」とかいう声が聞こえてくるようになります。そして、そのとおりにしていくと、大変なことになってきます。「おまえは、そのうち事故を起こす」とか、「会社は倒産《とうさん》するであろう」とか、あるいは、もっとひどくなってくると、「このコードを首に巻きつけろ」と言ってきたり、「お金を近所にばら撒《ま》け」と言ってきたり、おかしなことを言ってくるのです。あるいは、「生魚《なまざかな》を買ってこい」と言ってきたり、「油揚《あぶらあ》げを奉《まつ》ってみろ」と言ってきたりします。こういうことがあるのです。

この霊的なものの命令を聞いて、これが神の声と本当に思えるかどうか。高級霊と思えるかどうか。これをよくよく判定しなければいけません。高級霊である以上は、この地上で生きていたときにも、優《すぐ》れた人であったはずです。「そういう人が、あの世に還《かえ》って、そういうことを言うかどうか」ということを、一度、考えねばならないのです。

人類史に遺《のこ》っている釈迦であるとか、キリストであるとか、モーセであるとか、あるいは、それ以外の日本で言うと、空海《くうかい》であるとか、日蓮《にちれん》であるとか、親鸞《しんらん》であるとか、こうした人たちは、この世的にも非常に優れた人であったし、優れた思想を持っていたし、優れた人格を持っていたはずです。例えば、彼らが地上を去ってあの世に行ったときに、はたして、そうしたことを言うであろうか。これを考えねばなりません。そうしたことは、原則ないのです。

では、低級霊媒体質になった人は、いったいどうしたら、そこから逃《のが》れることができるのでしょうか。この方法論について、話をしておかねばならないと思います。

一つには、「徹底的《てってい》な無視」という方法があります。霊が何をささやこうが、何を言おうが、どうしようが、絶対に相手にしない。こういうことで徹底的無視の姿勢を一年ぐらい貫《つらぬ》くのです。そうすると、やがて霊がかかってこなくなる体質になっていきます。この「徹底的無視」「相手にしない」という態度も大事です。

いつも声が聞こえる。いつも行動を起こそうとする。手が動く。足が動く。こういうことを放置しておいては、完全に操《あやつ》り人形になってしまいます。完全に無視する。そして、「自分の主体的意志」を非常に強固に打ち立てる。パシッと打ち立てる。こういうことが大事です。これも一つの方法です。悪霊たちは話し相手を求めているので、決して耳を傾《かたむ》けてくれない人には近寄ってこれないのです。こういうことを考えねばなりません。これが一つです。

もう一つは、「真理の書に心を合わせる」「真理の書を、毎日、一定の時間読む習慣をつける」ということです。つまり、光が溢《あふ》れている書物を一定時間読むことによって、心のなかに常に光を浸透《しんとう》させる。燦然《さんぜん》とした光を心のなかに照射させる。こういう必要性があるのです。こうすると、霊障《れいしょう》から逃れていくようすがとなります。光が射《さ》してくることによって、高級霊体質へと変わっていきます。それで、低級霊たちの波動《はどう》を受けなくなるのです。

それ以外にも、例えば、「真理の講演ＣＤを聴《き》く」という方法もあるでしょう。

実際に肉を持った光の指導霊たちの声を聴く。話を聴く。それによって、心の波動を変えていく。波長を変えていく。そして、高級霊体質に変えていく。こういうことが大事ではないかと思います。そうすることによって、心のなかにわだかまっている悪想念が出ていって、低級霊たちの拠点《きょてん》がなくなっていくのです。

このように、「無視する」、あるいは「真理の書を読む」「真理の講演ＣＤを聴く」「講演そのものを聴く」という方法がありますが、これ以外に、もう一つ、「この世的にしっかりした人間になるべく、努力をする」という方法があります。

それぞれの人間は、何か仕事をしているはずです。仕事をしているならば、「その持ち場のなかで、最高度に自分を発揮していく」という方法があります。仕事に打ち込《こ》んでいく。最高の生き方をする。主婦であれば、主婦として最善の努力をする。最高の主婦になるべく努力をする。店員であれば、店員として、最高の店員になるべく努力をする。経営者であれば、最高の経営者として努力をする。このように、「価値を感じるもの、自《みずか》らの生活の糧《かて》を得ているものに全力を投入していく。

そして、一身を投げ出していく」ということです。このなかに、霊媒体質から抜《ぬ》け出す一つの方法があります。

すなわち、人間は、「同時に二つのことは考えられない」という特質を持っています。そして、「霊たちとかかわっている」というのは、「それだけの時間を持っている」ということなのです。また、「彼らとかかわるような環境《かんきょう》にある」ということなのです。したがって、これから脱《だっ》するためには、極《きわ》めてこの世的ではあるけれども、「この世的な世界のなかで、意義のある世界、意義のある仕事に全力投入をしていく」ということが大事ではないかと思います。

霊媒体質克服の第四の方法として挙げられることは、やはり「健康」です。「健康を維持《いじ》する」「体力を維持する」ということが非常に大事です。体力が弱ったとき、健康が優れないときに、霊媒体質から逃れることは非常に難しいです。したがって、まず、健全な体をつくることに力を注ぐことも大事です。健全な体で健全な生き方をすることが大事なのです。

そういう努力によって、昔から言う「健全な肉体に健全な精神が宿る」のたとえどおり、高級霊が感応してくるのです。強健な肉体を持っている人に、悪霊はかかりにくいのです。悪霊がかかってくるのは、たいてい、いつも心に心労が絶えず、そして、「体のどこかが悪い」と不平不満を訴《うった》えている人たちです。ノイローゼになったり、内臓諸器官の調子が悪くなったりしている人たちです。こういう人たちを目がけて、悪霊たちは寄ってくるのです。

したがって、低級霊媒体質を克服するためには、肉体の強化が必要です。これによって、魂《たましい》も強くなっていくのです。

五番目にあえて言うとするならば、「意志を強くする」ということです。意志を強くする。意志とはいったい何か。すなわち、神の子としての意志です。これを強化するということです。

「自分は神の子である」という自覚。「神の子として一生、生きているのだ。ユートピアづくりのために生きているのだ」という強い自覚です。「運命のままに翻弄される自分ではなく、神の子として、神の意図を実現するために生きている力強い人間である」という強固な自覚です。自信です。この自信が、自覚が、悪霊から身を護《まも》るようになっていきます。そういうことが非常に大事ではないかと私は思うのです。

4 観自在《かんじざい》

低級霊媒《れいばい》体質の話をしましたが、高級霊体質のなかには、「観自在《かんじざい》」という能力があるので、これについて、多少、話をしておきたいと思います。

『般若心経《はんにゃしんぎょう》』のなかに、「観自在菩薩《かんじざいぼさつ》　行深般若波羅蜜多時《ぎょうじんはんにゃはらみたじ》」という言葉があります。観自在菩薩は古代インド語の訳で、アヴァローキテーシュヴァラといいます。観自在菩薩というのは、「自在に、何でもすべてが分かる、手に取るようになった状況《じょうきょう》の、菩薩の心境の人」という意味です。

観自在の能力というのは、具体的にどういう能力であるかというと、まず、「人の考えが手に取るように分かる」という段階が中心です。これを「●他心《たしん》」ともいいます。他心は、他人《たにん》の心が分かる、いわゆるマインド・リーディング能力です。こ

●他心　六大神通力のなかの能力の１つ。『太陽の法』等参照。

の他心は、読心《どくしん》能力と言っても、読心《とくしん》と言ってもよいです。これがよく観自在の一つとして挙げられます。

講演会場などで話をしていても、会場にいる人たちの心が分かる。そこに誰《だれ》が座《すわ》っているかが分かる。何を考えているかが分かる。そうしたことを無意識のうちにズバズバと指摘《してき》できる。こういう能力です。

この能力は、釈迦《しゃか》の持っていた能力のなかでも、最大のものの一つでした。他人の考えをずばりと読む能力です。これも、そういう立場になれば、ますます高まってきます。人々を指導するという使命を持って現に指導していると、この能力はもっともっと倍化していきます。これもまた、真理の証明であり、神から遣《つか》わされた人であることの証明でもあると思います。こういう観自在能力があります。

これ以外に、例えば、「人の過去・現在・未来を見抜《みぬ》く」という三世《さんぜ》を見通す力があります。「過去世《かこぜ》をリーディングする」「過去世を読み取る」という力も観自在能力の一つです。

その人が過去どういう人生を送ったか。今世《こんぜ》の過去のみならず、過去世、そのまた過去世、そのまた過去世、こういう過去の歴史を見抜く。過去、どういう地域に生まれ、どういう生涯《しょうがい》を送り、どういう一生のなかで、どういう心情を持って死んでいったか。そのなかで得た特質はいったい何か。どういう長所を得、どういう短所をつくって生きてきたのか。また、どういう人間関係に恵《めぐ》まれていたのか。こういうことが、はっきりと分かるようになってくるのです。このように、過去が分かる能力があります。

また、観自在のなかには、いわゆる予知能力と言ってもよいのですが、「未来が分かる」という能力もあります。「未来世が分かる」「先が読める」ということです。

釈迦自身、今から二千五百数十年前に地上を去るに際して、「やがて自分はジャンブドヴィーパのケントゥマティに生まれ変わる」ということを言っています。これは現代的に訳すならば、「東の国の大都市」という意味です。「ジャンブドヴィーパのケントゥマティに生まれ変わる」、こういうことを予言して、死にました。

そして、「自分の法はやがて全インドに広がり、インドから中国に、中国から日本にと受け継《つ》がれていくのだ。自分の死後、五百年間は『正法《しょうぼう》の時代』が続くだろう。しかし、その後の五百年間は、『像法《ぞうほう》の時代』が続くだろう。『正法の時代』は、教えが正しく伝わって、人々の心が正しく営《いとな》まれているときである。しかし、『像法の時代』になると、かたちだけは残っていて、中身はだんだん骨抜きになっていくだろう。その後はやがて『末法《まっぽう》の時代』となっていくであろう。法が衰《おとろ》えていくだろう」、こういうことを釈迦は言いました。

これが「五百年刻みである」という説、あるいは「千年刻みである」という説、「八百年刻みである」という説、いろいろと諸説が現在遺《のこ》っていますが、いずれにしても、そういう段階があるということです。

「正法が伝えられる時期、それがかたちだけになっていく時期、やがて廃《すた》れていく時期があるだろう。その末法の世にもう一度、本仏《ほんぶつ》が甦《よみがえ》り、新たな教えを説くであろう」。こういうことを釈迦は予言しています。

この未来仏になるのが、弥勒菩薩《みろく》と呼ばれていますマイトレーヤーといわれる存在です。インド語ではマイトレーヤーという名前で呼ばれました。そして、こういう未来について書き遺したのです。

こうした予言という未来予知、三世を見通す能力も釈迦の能力の重大な能力の一つでした。

これ以外に、例えば、「遠隔地《えんかくち》にいる人の心を手に取るように読む」という能力があります。ここに現にいない人、離《はな》れた地、何百キロ、何千キロも離れた地にいる人の考え、悩《なや》み、あるいは、その人の問題と、どうしたらよいのか、こういうものを読み取って、そして答える。あるいは、「どこそこに、こういう人がいる。その人に会いに行きなさい。会えばこうなるであろう」ということを言う能力です。こういう、遠隔地を霊視《れいし》する、あるいは霊的に読み取る能力もあります。

このように、観自在能力というものがあって、霊的にはかなり高い能力です。いわゆる悟《さと》りとしては、梵天界《ぼんてんかい》ぐらいの悟りから如来《にょらい》の悟りに入ってきます。これも一種の霊体質と言えますが、自然にそういう能力を持つようになってきます。

これは、地上においてだけではなく、天上界《てんじょうかい》においても実際そうです。霊たちは、もちろん観自在能力はある程度持っていますが、その霊がいる段階に応じて、観自在能力に差があります。あの世の霊だから、すべてが分かるわけではありません。あの世の霊であっても、地獄《じごく》界で迷っている霊たちにとっては、何も分かりません。

しかし、天上界に還《かえ》っている霊たちは、程度の差こそあれ、いろいろなことが分かりやすいのです。そして、高次元の存在になればなるほど、いろいろなものを読み取ることができます。分かることができます。このようになります。

したがって、「観自在能力には果てがない」ということになります。観自在能力を突《つ》き詰《つ》めていき、最後の段階まで行くとどうなるかというと、昔から「神は地上に葉っぱ一枚落ちることさえ知っている」と言われていますが、この地上に起きていることすべてを瞬時《しゅんじ》につかむことができる能力を持つに至るようになります。もっと能力が増せば、大宇宙のことがすべて分かるところまで行きます。こうした観自在能力もあるのです。

5　平凡《へいぼん》のなかの非凡

こうした観自在《かんじざい》能力を持って生きている人間は、ともすれば、非常に異質な存在となります。そして、自分はそうしたことが分かるからといって、それをやたらと人に吹聴《ふいちょう》したくなってきます。「あの人はこうなるであろう」「あの人は過去にこういうことがあった」「あなたは今、こういうことを考えているだろう」ということをズバズバと歯に衣着《きぬき》せずに言っていると、この世的には、いわゆる奇人《きじん》変人の類《たぐい》に入れられることになってしまいます。そして、残念なことに、本人は不本意な気持ちで生きなければならないようになっていくのです。

そうであるからこそ、高級霊《こうきゅうれい》体質であるとしても、観自在能力を持っているとしても、この世的には、もう一度、自分自身の箍《たが》を締《し》め直さなければなりません。そういう面があるのです。これが、努力するべき目的として、目標として、「平凡《へいぼん》のなかの非凡」という言葉で表されるものです。

「自分は明らかに非凡である」と思うと、それは異常な人格へとつながっていきます。誰《だれ》が見ても、異様な人格、異常な人格に見えます。しかし、そうではなく、「平凡のなかの非凡」を目標とすべきです。通常人と変わらないような平凡な生活をしていながら、そのなかに非凡の芽を潜《ひそ》ませる。非凡な力を発揮していく。これは、静かに自己を発揮するということとも一致《いっち》します。

成功したがる人間は、ともすれば、自己顕示《けんじ》の思いにとらわれます。どうやって自分をよく見せるか、アピールするか、人々によく思われるか。こういうことにのめり込《こ》んでいきます。そうして、だんだん異常な性格となっていき、人生に両極端《りょうきょくたん》の波が訪《おとず》れてきます。こうしたことであってはいけません。

平凡のなかの非凡。平凡な生活のなかに、淡々《たんたん》と流れていくような毎日のなかに、非凡な光を放つ。これが大事です。通常人と同じようなことを同じようにしながら、同じではない何かを感じさせる。これが大事です。

この平凡のなかの非凡さこそ、やはり誇《ほこ》るべきものです。「明らかに非凡であって、非凡な人が非凡に生きている」ということはまた平凡なことです。そうではない。普《ふ》通《つう》の人でもできるような平凡な生活をしていながら、そのなかに魂《たましい》の煌《きら》めきを残していく。光を残していく。これが大事です。どうか、そういう考えを大事にしていただきたいと私は切に思います。

非凡さそのものを追求してはいけません。非凡さそのものを追求しても、それは一回限りのことです。その人限りのことであり、他の人々の手本にはならないのです。他の人たちも生きられるような生き方のなかにおいて、魂の輝《かがや》きを増す。光を放つ。これが大事です。

では、平凡のなかの非凡とは、具体的にいったい何でしょうか。例えば、ビジネスの問題があります。ビジネスに生きる人たち、ビジネス倫《りん》理《り》のなかに生きる人たちは、宗教的信条を明らかにしたがりません。また、それにとらわれたがりません。

言いたがりません。そうしたものを信じていないというように装《よそお》いたがります。確かに、それはそれで結構です。職場のなかで、ビジネスのなかで、「いかに神や仏が好きだ」とかいうことを常々言っている人は、この世的には、やはり、奇人変人と言われていくでしょう。そういうことであってはいけません。そういう意味での非凡さを求めてはいけません。

やはり、「この世的にきちんと仕事をやる。仕事を実践《じっせん》している。このなかにおいて、真理を学んだということが何らかの光を放つような生き方」、これをしていかねばならないのです。

たとえ神や仏の名を出さなくても、霊や高級霊、守護霊《しゅごれい》等の話などしなくても、ただ、生きているなかに、人間としての優《やさ》しさ、心のあり方、心の不思議を追究、探究していく自分、そして、後ろ姿でもって、人々を指導していく自分、影響力《えいきょうりょく》でもって、人々を指導していくような自分であればよいのです。そういう、あなたがたであればよいのです。

6 漏尽通力《ろじんつうりき》の極致《きょくち》

本章を閉《と》じるに当たり、漏尽通力《ろじんつうりき》の極致《きょくち》について話をしておきたいと思います。釈迦《しゃか》の持っている六大神通力《じんつうりき》のなかで、最大のものと言われたこの漏尽通力。この世的にも優《すぐ》れた生き方をしながら、霊的《れいてき》能力を最高度に発揮する生き方。これをどのように究《きわ》めていけばよいのでしょうか。

生きている人間が漏尽通力を究めんとするならば、まず、その意識を高めていく必要がどうしてもあります。すなわち、肉を持った身でありながら、高級霊たちと同じだけの意識の高さを持つ必要があるのです。「高級霊からの啓示《けいじ》」を、単に「教え」として受け止めるのみならず、彼らの垂《た》れんとしている教えそのものの輪郭《りんかく》が分かり、その高低が分かり、その広がりが分かる。その個性の違《ちが》いが分かる。

こういう必要があるのです。

したがって、漏尽通力の極致は、「霊的現象に振《ふ》り回されず、その本質をすべて見通せる」ということにあるのです。高級霊たちの言葉であっても、その個性の違いが分かる。その教えの高低が分かる。その教えの優劣《ゆうれつ》が分かる。こうしたことを瞬時《しゅんじ》に見抜《みぬ》ける能力まで持っていれば、そういう人が、この世的に生きていくということは非常に簡単なことです。「高級霊たちの個性の違い」が分かり、「教えの違い」が分かり、「考え方の差」が分かるのであるならば、「この世的な人々の考え方の差・意識の差」は、はっきりと分かってきます。したがって、「どのようにそれを実現していけばよいか」ということも分かるのです。

ここに、対機説法《たいきせっぽう》の出現の場があります。釈迦の教えのなかでも、対機説法が非常に大事であったと言われています。「その人に応じた話をする」「その人の心根《こころね》に応じた話をする」「釈迦の性格が救済のために変容する」ということがよく言われていました。相手によって、導き方が変わってくるのです。

その高低に差がつく。広がりに差がある。話の内容に差がある。あるときには、まったく違ったようなことを言う。ある人に対して話した内容を、別の人にはまた違った角度から言う。そのため、教えを受けた者は、必ずしも釈迦の本心が分からない。そういうことが言われたわけですが、これは対機説法能力があったからです。

その対機説法能力の根源は、いったいどこにあるかというと、「すべての人間の考え、心が分かり切る」ということです。「すべての人間の心、考え方が分かり切る」ということは、「その根源において、神から分かれた光をすべて知り尽《つ》くしている」ということです。「神の属性として、どういう光があるかを知り尽くしている」ということ。これが根拠《こんきょ》となるわけです。

したがって、釈迦の自信、対機説法すべき自信の根拠、根源にあったものはいったい何であるかというと、結局のところ、「高級霊たちの教えをも篩《ふるい》にかけて聴《き》くことができた力」です。ここに、力の源泉があるのです。

すなわち、生きながらにして、肉体を持ちながらにして、高級霊たちの教えや考えを見抜くことができたのです。こうした能力を持っていれば、高級霊はもちろんのこと、いわゆる悪霊《あくれい》、邪霊《じゃれい》、悪魔《あくま》の類《たぐい》の正体を見破ることは簡単です。どのようにして彼らの正体を見破るか。それはいとも簡単なのです。

特に、悪霊の正体を見破るためには、欲望に流されないことが大事です。欲望に執《とら》われていると、悪霊たちの正体が見抜けません。しかし、欲望に執われず、淡々《たんたん》として流れていると、そうしたものを見抜いていくことができるのです。

したがって、霊たちの考えを見抜くという考え方のなかで、悪霊たちの考えを見抜くというやり方は、「日々、淡々とした生き方をする。日々に引っ掛《か》かりなく流れていく。感情の起伏《きふく》をつくらない。感情の起伏ができたときには、それをいち早く修正する。そして、元の心の平静さを取り戻《もど》す」ということです。

「心の平静さ」がいちばん大事です。悪霊に取り憑《つ》かれないためには、悪霊たちの支配を振り切るためには、心の平静、どんなことが起きてもただちに平静に戻れる心が大事です。そうした心がなければ、霊的な本質を見抜く力はなかなか湧《わ》いてこないのです。

また、高級霊たちと十分に話ができるようになるためには、それだけ自分の魂《たましい》を磨《みが》いていく必要があります。それには、この世に生まれた人であるならば、この世的に学んでいく必要もあります。

学びに関しては、確かに、書物などで得た知識もあるでしょう。それ以外に、いろいろな人に接して学んだ知識もあるでしょう。あるいは、「さまざまな経験、トータルな経験のなかから、自分の心の糧《かて》になるものをどう学び取ってきたか。人生の教訓をどのように得てきたか」、こうしたことも大事であろうと思います。

結局、高級霊たちが、それだけの識見を持ち、認識力を持っている理由は、数多くの経験のなかから、それだけの珠玉《しゅぎょく》のごとき光の教訓を学んでいる、得ている、そして、その光でもって自《みずか》らを包んでいるからです。そうした高級霊の心境に近づいていくためには、地上に肉を持って生きている人たちも、地上において経験した事柄《ことがら》のなかから、珠玉のごとき光を取り出し、身につけることです。

毎日毎日、日々《にちにち》の生活のなかから、どれだけ心の糧となるものを引き出していくか。これが根本《こんぽん》です。どのような人にとっても、一日は二十四時間です。その二十四時間からいったい何を学び取っていくか。何を引き出していくか。これが、その根源です。毎日毎日の生活のなかから、高級霊たちと同じようなエキスを抽出《ちゅうしゅつ》できるだけの力があれば、「その人もまた、高級霊たちと同次元に立っている」と言うことができるのです。

やはり、人間の修行《しゅぎょう》としては、ここまでは行かなければいけません。すべての霊、すべての人間の心が分かる。それに合わせた話ができる。そして、そのなかで、自分を磨いていける。教育者としての自分を磨いていく。指導者としての自分を磨いていく。そういう境地に立てたときに、初めて漏尽通力も極致にと至るのです。そういう極致こそ、やはり、この世的な修行の最高の目的である。目標である。私はそのように思います。

第5章

仏《ぶっ》法《ぽう》真《しん》理《り》と学習

1　学習の大切さ

私たちは、今、「幸福の科学」というところで、「仏法真理《ぶっぽうしんり》の探究、学習」ということを非常に大切なものとして考えています。そして、私自身の考えとしても、「仏法真理の探究あってこその学習であり、学習あってこその伝道である。『探究・学習・伝道』というこの順序を間違《まちが》えたときに、仏法真理の普及《ふきゅう》は道を誤るのである」という話をしています。「探究・学習・伝道の三段階的な考え方、これが非常に大事である」と言っているのです。

ただ、探究するという姿勢は、個人個人の立場から探究するということも可能ですが、主として宗教的指導者の仕事であろうかと思います。あとは、その探究結果をどのように学習していくか、ここに重点があるわけです。この意味において、

「学習の大切さ」ということが強調されるわけです。

では、なぜ、仏法真理の学習が大切なのでしょうか。私はこの点について、さらに詳《くわ》しい話をしていきたいと思います。

仏法真理の学習が大切であるというのは、実は「深い判断の基準」となるからです。人間は生まれ落ちてから成人するまでの間に、自分が学校で学んだこと、あるいは、友人から学んだこと、両親から学んだこと、こうしたものでもって、「認識と判断の基礎《きそ》部分、基底部分」がほとんどできているのであって、これ以外からの吸収ということは非常に少ないのです。また、彼らの常識、知識というものも、極《きわ》めてこの世的なるものであることが多いと思います。

こうしてみると、一段と高い見地に立った仏法真理というものを彼らが知っている可能性は非常に少ないわけです。幸いにして、両親が深い宗教的環境《かんきょう》に育っていたり、現にそういう職業に就《つ》いていたり、そういう趣味《しゅみ》を持っていたりすることもあるでしょうが、たいていの場合はそうではありません。

この意味において、「仏法真理というものは新たに学習しなければ、その本質を知ることができない。つかむことができない」ということが言えると思います。

では、なぜ、仏法真理そのものに、そうした学習対象としての値打ちがあるのでしょうか。これについて話をしてみましょう。

それは、仏法真理は、三つの真理を人間に与《あた》えるからだと言えます。神仏の理《り》が、真《まこと》の理を三つ教えてくれるからです。

その真の理とはいったい何であるかというと、第一が、「人間とは何か」ということへの答えです。「人間とは何か。人間とは何者であるのか」、これは永遠のテーマ、課題です。そして、多くの文学や芸術、哲学《てつがく》、思想というものは、「人間とは何か」というテーマを追究してきたのです。また、そうした文学部系統、あるいは、文科系統の学問のみならず、医学にしても、生物学にしても、科学にしても、やはり、「人間とは何か」というものを探究している学問と言えるかもしれません。

この「人間とは何か。いったい何者なのか」という根源的問いは、古来やむことなく、また、古来、解決されたこともありませんでした。「こうした根源の問いに答える」という意味での仏法真理が必要なわけです。

「人間とは何かを知る」ということは、ある意味においては、「人生とは何かを解読する」ということです。「偶然《ぐうぜん》にただ生きているのか。人間とは、本当に投げ出された存在であって、ただ偶然に、漫然《まんぜん》として生きているのかどうか」ということを、今、問われているわけです。その「人間とは何かを知る」ということが、結局、人生の謎《なぞ》を解く鍵《かぎ》となってきます。人間の本質を知るときに、人生が見えてきます。人間を離《はな》れての人生はないということです。

このように、「人間とは何か」という問いに対して総合的に答えてくれるもの、それが仏法真理です。

第二に、仏法真理そのものの値打ち、学習の対象としての存在意義は、結局のところ、「方向性を与える」ということです。北極星があるから、「北がどちらにあるか」ということが人間には分かります。北極星があるから、衆星相集《しゅうせいあいつど》いて北を指して並んでいるのであって、北極星がなければ北がなかなか分かりません。

このように、「どの方向に向かっていくのが真《しん》に人間にとって発展であり、繁栄《はんえい》であるのか、向上であるのか」を教えてもらわなければ、永遠に分からないわけです。

「真に人間にとっての向上とは何なのか」を知ったとき、向上と思っていたものが、実は堕落《だらく》であったということはあるわけです。

例えば、ある女性闘士《とうし》が「女性の地位の向上だ」と思って闘《たたか》っていることが、実は人間性の堕落につながるというようなこともないわけではありません。それがもし、本来の人間性の理解に誤りがあって、人間の向上性に反するような行動を取っているなら、そうしたこともあるということです。

このように、仏法真理というものは、「人間の向かうべき方向性、あるいは目標を教えてくれる」という大切な指標を意味しています。これがなければ、人々は「人生」という名の旅を歩んでいくことができないのです。そうではないでしょうか。あてどもなく放浪《ほうろう》するということも可能かもしれないし、芸術的な人にとってはそういう旅もあるでしょうが、たいていの人間にとっては、あてどない旅というものは許しがたいものです。

やはり、旅には「目的地」が要《い》ります。旅の目的が必要です。そして、いつごろ旅に出て、いつごろ帰ってくるのかという、この旅行日程が要るものです。それが旅です。「旅をする以上は目的地が要る。目的の方向が要る」ということです。この方向性を与えるものとしての仏法真理が、非常に大事なわけです。

仏法真理の三番目の本質、「なぜ仏法真理の学習が大切か」という三番目の答えは、結局のところ、「幸福の増進」ということになるでしょう。お互《たが》いがそれぞれ「自分によかれ」と思って人間は生きているわけですが、「自分によかれ」と思って生きていることが、結局のところ、お互いを傷つけ合ったり、歪《ゆが》め合ったり、苦しめ合ったりすることはよくあるわけです。

こうしてみると、人間は、「いったい、どういう生き方をすれば幸福となっていくのか」、あるいは、「どのような行動様式を取れば、〝幸福の空間〟が広がっていくのか」ということを問われているわけです。どのように生きていけば、その場が〝幸福空間〟となっていくのかということです。

Aという人と、Bという人と、Cという人がいるとします。彼らは個人個人で幸福に生きようとして努力しているのですが、具体的には、この三人がそれぞれ幸福を求めると、お互いに傷つけ合うことになってしまうことがあります。「では、この三人はどのように生きれば、全体が幸福となっていくのか」といった「協調の方法」を教えるのも、また仏法真理の役割です。

二番目に、「向上の方法、方向性というものを教えるのが仏法真理だ」と言いましたが、三番目は「横の広がり」です。そうした広がり、空間をつくっていくのも、また仏法真理のあり方です。「どのようにして個人の幸福のみならず、全体の幸福をも増進させていくのか」という問い、課題に答えていかなければなりません。なぜならば、幸福とは、すべての人間が求めているものでもあるからです。

結局、仏法真理の学習の大切さは、その根拠《こんきょ》をこの三点に持つわけです。第一は、「人間とは何か」という問いに答えるためです。第二は、「向かうべき方向」を教えるためです。第三は、「幸福の根拠」を示すため、あるいは、「幸福な生き方」を教えるためです。主として、こうしたことでしょう。このように、「人間」「向上」「幸福」という三つの言葉が仏法真理学習のためのキーワードとなるわけです。

2　知の本質

学習ということに関して、「知」、いわゆる「知力」ということについて話をしてみたいと思います。言葉を換《か》えるならば、「知の本質とはいったい何か」ということです。

現代の日本、および他の先進諸国においては、「知を磨《みが》く」ということに関して、そうとうの努力を払《はら》っていると思います。そうとうの犠牲《ぎせい》も払っていると思います。子供たちの大部分は二十年近い間、知を磨くための学習環境《かんきょう》に置かれます。遅《おそ》い人でも小学校に上がるころから大学を卒業するまで、言ってみれば十六年ぐらいになりましょうか。早い人であれば保育園、幼稚園《ようちえん》というところからスタートします。ほぼ二十年近い間、学習期間があるわけです。この間に、「知を磨く」という努力を義務づけられているわけです。

こうして教育というものを施《ほどこ》されているわけですが、教育の目的そのものは、分かっているようで意外に分かっていないところがあります。「人格を陶冶《とうや》し、社会に貢献《こうけん》できる人物をつくるため」という言葉が、よく教育の目的として掲《かか》げられるわけですが、これは、必ずしも教育の本質そのものを見抜《みぬ》いているとは言いがたい面があります。

教育の本質とは、結局のところ、「知を伸《の》ばす」というところにあります。あるいは、「知の本質を探究する」ということでもありましょう。「知」というのは、人間が頭脳労働によって「つくり出したるもの」、あるいは「つくり出しうるもの」です。

古来、ソクラテス以来、「知を愛する」ということが人間の本質であるように言われてきました。「動物たちは『知を愛する』ということがない。しかし、人間は、知を愛することができる。その点において、動物と人間とは違《ちが》うのである」、このように言われてきたのだろうと思うし、実際にそういうことはあるわけです。

動物たちの知というものを見たとき、確かに、動物園で飼育された動物が、ある程度の芸当をするということはあるかもしれません。ただ、それ自体は教え込《こ》まれてそうなったということであって、さらに、その応用可能性というものを見れば、非常に少ないということが言えると思います。

ところが、教育によって与《あた》えられた人間の知は、そのまま、そのものズバリを使うというのではなく、それが「応用可能性、発展可能性を持っている」と言うことができるのではないかと思います。この応用可能性、発展可能性というところに、人間としての知の本質があると思うのです。

高校時代や大学時代に、地理や歴史を教わったからといって、また、それを暗記したからといって、どうこうなるものではありませんが、そうしたものを学んだことによって、まず思考の材料が与えられます。そして、その材料を組み立てたあとに、さらなる思考の構築ができるわけです。このあたりが大事なことなのです。結局、教育によって発見される知、掘《ほ》り出される知というのは、そうした思考の材料としての知であるということが言えると思います。

このように、人間は、「どのように知的に物事を考えられるか」、別な言葉で言えば、「抽象的《ちゅうしょう》空間、あるいは、哲学《てつがく》空間を持っているかどうか」によって、人間の人間らしさが測られると言えるわけです。「思弁《しべん》的に考える」という言葉で言ってもよいかと思います。

人間には理解できる範囲《はんい》に限界がありますが、単に自然語といいますか、「鳩《はと》」とか、「豆」とか、「赤ちゃん」とか、「汽車」とか、「飛行機」といった目に見える物体でもって指す言葉、指示語を理解するのと、そうした目に見えるものではない抽象的な言葉を理解できるのとでは、やはり、段階に差があるわけです。

その抽象的な言葉の代表として挙げられるのが、「神」や「仏」というような言葉ではないでしょうか。あるいは、「霊《れい》」というような言葉ではないでしょうか。

こうした言葉は見ることができないものなので、抽象的に理解するしかありません。

ただ、「抽象的な理解をどの程度できるかによって、その人の霊性《れいせい》が測られる」という面があると思うのです。

こういう意味において、例えば、芸術作品、文学作品というようなものでも味わいに開《ひら》きがあると思います。単にストーリーだけを追っているようなものもあれば、そのなかに、詩としての余韻《よいん》があるものもあるでしょう。あるいは「世界の名作」と言われるようなものは、たいてい思想性があります。そのなかに、作者の思想というものが入っています。

これに反して、非常に技術的、事務的な書物というものもあります。計算の方法だけを教える本や、税務面での指導方法だけを教える本、あるいは、科学的な方面であっても、単に実験の記号式ばかりを追っているような書物もあると思います。こうしたもの自体は、「魂《たましい》に対して何らの影響《えいきょう》も与えない」と言えば語弊《ごへい》がありますが、「大きな増進作用はない」と言えましょう。

しかし、人間の生き方そのものに与える影響を持つ書物というのは、何らかそこに「核《かく》」「向上心」「人間を向上させるもの」があるとも言えると思います。

このように、知の本質のなかには、非常に抽象的なる面、思弁的なる面があって、「それが可能であればあるほど、その人の霊的な部分が高まっている」と言うことができるかもしれません。ただ、学者たちのように抽象的な言葉ばかりをあげつらって、実質論がない人たちは、また、あるところで〝Ｕターンを描《えが》いて、曲線が元に戻《もど》ってくる〟と思います。そうした現象もありますが、たいていの場合は、どれだけ高尚《こうしょう》・高邁《こうまい》な理論、議論ができるかでもって、その人の魂の向上度が測られることになるわけです。

3　漏尽通力《ろじんつうりき》の鍵《かぎ》としての知力

この「知」の本質、「知力」というものを、本書の表題である漏尽通力《ろじんつうりき》とのかかわり合いにおいて、話をしてみたいと思います。

まず、「知」と「霊能力《れいのうりょく》」との関係ということについて考えてみたいと思いますが、この最初の問題については、非常に例外的なことが多かったということが言えましょう。日本でも古来、霊能者というのは数多くいたわけですが、彼らの知力が非常に高いという場合は、珍《めずら》しいケースであったと思います。たいていの場合、学問もなく純粋《じゅんすい》に生きていて、人生の転機に「神の声、仏の声を聞いた。高級霊の声を聞いた」と言って、宗教家になっていくことが多かったかもしれません。

ところが、そのために、一つの問題点が出てきました。それは、「高級霊」と称《しょう》

郵便はがき

料金受取人払郵便

赤坂局
承認

8335

差出有効期間
2024年９月
30日まで
（切手不要）

1 0 7 - 8 7 9 0

112

東京都港区赤坂２丁目10－8
幸福の科学出版（株）
読者アンケート係 行

ご購読ありがとうございました。
お手数ですが、今回ご購読いただいた書籍名をご記入ください。

書籍名

フリガナ お名前	男・女	
ご住所　〒　　都道府県		
お電話（　　　）　－		
e-mail アドレス		
新刊案内等をお送りしてもよろしいですか？　[はい（DM・メール）・いいえ		
ご職業 ①会社員 ②経営者・役員 ③自営業 ④公務員 ⑤教員・研究者 ⑥主婦 ⑦学生 ⑧パート・アルバイト ⑨定年退職 ⑩他（		

するもののなかに、他のいろいろな諸霊、悪霊《あくれい》たちの声が混ざることがあるということです。それによって、非常に世の中を混乱させることが数多くありました。

低級霊たち、あるいは、悪霊たちの本質というものは、結局、「論理的に整然としたものの考え方ができない」というところにあるわけです。彼らは感情の起伏《きふく》のなかに生きており、非常に感情的な生活を送っているため、理路整然《りろせいぜん》とした物事の組み立てや考え方ができません。そういう状態ですから、悪霊や低級霊たちのささやきを見破るためには、ある程度の知力を持っているということが大事であるわけです。

ところが、ここに、もう一つ別の問題点があります。知力を持っている、知が高いということが災《わざわ》いして、今度は逆に〝非常に感動しないような人間〟が出来上がることがあるということです。宗教の出発点は、やはり、「霊的感動」であり、「霊的感応」です。学問で自分を固めたような人間というのは、非常に警戒心《けいかいしん》が強く、疑う心が強いがために、かえって信仰《しんこう》の道に入《い》れないことが多くあります。そのようなわけで、逆効果になることが多かったのです。むしろ、歴史的に見れば、「学問をやった人ほど『霊』や『神』、『仏』といったものを否定する傾向《けいこう》があった」と言ってもよいかもしれません。それは、この世的なる知、〝小知〟が仏法真理《ぶっぽうしんり》の理解を妨《さまた》げていたということです。

そういう観点からすると、やはり、「霊能者でありつつ巨大《きょだい》な知力を持っているということは非常にまれであった」と言えるかと思います。

ただ、近代の霊能者の流れを見ると、「巨大霊能者は非常に知力も高かった」ということが言えるのではないでしょうか。出口王仁三郎《でぐちおにさぶろう》しかり、谷口雅春《たにぐちまさはる》しかりです。こうした最近の偉大《いだい》な霊能者たちは、「知的な面でも非常に優《すぐ》れていた」と言えると思います。また、「霊能者」とは言えないかもしれませんが、内村鑑三《うちむらかんぞう》のような方も、非常に知的には高かった人であろうと思います。

そのように、結局、「正邪《せいじゃ》を分かち、漠然《ばくぜん》とした、曖昧模糊《あいまいもこ》とした霊的世界をこの世の人間に分かるように解説し直すためには、それだけの知的な組み立て、あるいは知的なフィルターが必要だ」ということが言えるのではないでしょうか。

こうしてみると、今後、仏法真理を説く場合に、「どれだけ多くの人に理解してもらうか、考えてもらうか」ということを思うと、結局、「世の人々が受け入れるようなものでなければならない」という面が、非常に強くなってくるわけです。では、世の人々の多くが受け入れるものとはいったい何かというと、「おどろおどろしいもの、恐怖心《きょうふしん》のみをかき立てるようなもの、とても納得《なっとく》がいかないものであって、よいわけではない」ということです。

日本人の大部分は〝高学歴〟の人たちです。非常に知的水準が高いわけですから、仏法真理の内容そのものも、そうした知的水準より高いものでなければ、世の人々は感動しないし、それに悦《よろこ》びも感じないのではないでしょうか。この意味において、「世の知的水準を超《こ》えるような内容」というものが、最低限、要求されるわけです。

また、「知力」というものは、もう一つ別な面を持っていると思うのです。

高度な霊的能力を持った人であっても、日々、生きているうちに、霊的現象のなかの渦《うず》のなかに巻き込《こ》まれてしまって、現実だか、霊界《れいかい》の出来事だか、幻想《げんそう》だか、自分の現実なのだかが分からなくなります。

毎日毎日、目に見えぬ霊の話を聴《き》いているうちに、それが本当なのか、嘘《うそ》なのか、あるいは、現実が違《ちが》っているのか、このあたりが分からなくなっていきます。

こうした人間の人格分裂《ぶんれつ》を防ぐために、知力というものが非常に役に立ちます。知力があってこそ、その人が護《まも》られるという面、その人の人格が護られるという面があるのです。あるいは、その人を狂《くる》わせない安全弁としての知力というものがあると思います。

こうしてみると、「知を持つ」ということと、「霊的体質である」ということの両面を比較衡量《ひかくこうりょう》するときに大切なことは、「純粋な心を持ちながら、知力を磨《みが》いていく」ということではないでしょうか。そのように思われるわけです。「純粋な気持ちを忘れることなく知力を磨いていく」、これが大事だと思います。

では、どのように努力していけばよいのでしょうか。これが次なる問題としてあるわけです。それは、知力を磨くということの目的が、結局は問題なのではないかということです。何のために知力を磨こうとするのでしょうか。それは、何かの手段のためでしょうか。あるいは、「目的としての知力」「知的進化」を目指しているのでしょうか。これが問題とされるわけです。

知がさまざまな仕事に役立つことは事実です。したがって、「手段としての知」というものを完全に否定することは不可能であろうと私は思います。ただ、「手段としての知」ということにこだわらず、「知を深めていく」ということ自体がひとつの悦びとなり、魂《たましい》の発展となっているならば、「そうした知というものには、非常に純粋なものがある」ということは言えると思います。単なる「試験に通るためだけの知」というようなものは、やはり安っぽいものであるし、それには、「頭脳を鍛《きた》える」という面以外の積極的なる面は少ないと思います。

ただ、頭脳を鍛えるだけではなくて、より高次な「人生観」を持ち、より高次な「判断力」、より高次な「認識力」を持つための知であるならば、それはトータルな人生観を押《お》し上げ、向上させるものとなっていくであろうと思われるわけです。

こうしてみると、知を求める動機における「純粋さ」「純粋性」ということが、非常に大事なのではないでしょうか。そして、その純粋さとは、結局、「宇宙の叡《えい》智《ち》」につながっていくものだと言えるのではないかと私は考えます。神仏の属性のなかには、いろいろなものがあります。「神仏は光である」とか、「神仏は愛である」とか、「神仏は勇気である」とか、「神仏はエネルギーである」とか、「神仏はその他諸々《もろもろ》のものである」とか、いろいろな言い方がありますが、神仏の一つの面として、「叡智」という面は見逃《みのが》せないと思います。

大宇宙を創られた根本仏《こんぽんぶつ》は、非常に叡智に満ち満ちた方です。整然とした宇宙を創られ、合目的的な世界を創られました。こうした神仏であるならば、非常に聡明《そうめい》で、非常に叡智に満ちた神仏であろうと思われるのです。ですから、この知の進化の究極にあるものは、「根本仏の叡智」そのものであろうと思います。なぜならば、「知」というものは、世界を理解し、世界を向上させんとしていくための力であるからです。結局、知の向上の限界、最高点には、「根本仏の叡智」というものがあるということでしょう。

こうしてみると、漏尽通力が霊能力のなかの最高峰《さいこうほう》とも言われますが、この最高峰である「漏尽通力の安全弁としての知」、知力というのは、結局、根本仏の叡智につながっていくものだということが言えましょう。根本仏を単なる「奇跡《きせき》の神仏」と捉《とら》えるか、あるいは「叡智の神仏」と捉えるかという違いかもしれません。漏尽通力以外に、霊視《れいし》能力であるとか、霊聴《れいちょう》能力であるとか、いろいろな能力がありますが、それらは奇跡の面にしかすぎません。しかし、そうした霊能力の奥《おく》にあるものとして、根本仏の叡智そのものを捉えたときに、それが最高の力となるのは当然でしょう。

したがって、漏尽通力の究極には叡智があり、それは、神仏がそこに在《あ》るような生き方ができるかどうかということだと思います。肉を持ちながら、はたして、神仏と同じような生き方ができるかどうかということです。

そういう意味において、「究極にある叡智につながる知というもの、知力というものが、結局、漏尽通力の鍵《かぎ》の部分にもなる」と言えるのではないかと思います。

4　幸福なる日々

さて、漏尽通力《ろじんつうりき》のなかの「仏法真理《ぶっぽうしんり》と学習」ということについて話を進めているわけですが、ここで「幸福なる日々」ということについて考えてみたいと思います。

人間は、「何をもって幸福とするか」という問いに答えるならば、それが、「その人とはいったい何者であるか。その人の本質がいったい何者であるか」ということを答えることと同じだと言われています。「何がその人なのか」、あるいは、「あなたの人物とは何なのか。あなたの人格とは何なのか」という問いかけに対しては、「その人が何をもって幸福としているかによって定義される」と言われています。

古来、それ以外の定義ももちろんあります。「その友人を見れば、その人が分かる」という考えもありますし、「蔵書を示せ。さすれば、汝《なんじ》の人格を言い当てん」

という言葉もありましょう。ただ、やはり、「その人の幸福とするものがいったい何であるか」を見ることによって、だいたい、その人の器《うつわ》、人柄《ひとがら》、人生、魂《たましい》の器量といったものが分かるのではないかと思います。

私自身は、何をもっていちばん自分の幸福と感じるかというと、結局のところ、次のようなことではないかと思います。

個人の側面というものを取ってみれば、「より深い仏法真理、知識を得るということ。それでもって、自分自身の認識力が高まるということ。認識力が高まることによって、世界がよりよく分かるということ。より多くのことが分かるということ。理解できるということ」、これが、何にも増して幸せであるように思います。これが個人の側面です。

また、個人以外の側面として見るならば、「そのような神仏の経綸《けいりん》、仏法真理というものを知ることによって、より多くの人々の幸福なる日々をつくり出すことができる自分、そうしたことに貢献《こうけん》できる自分」というものを、非常にうれしく思うわけです。

「この世のなかで、どれほど幸福な人がいるか」と言ったときに、「多くの人々の悦《よろこ》びをつくり出せるほど幸福だ」と言う人は、数少ないと思うのです。「自分の悦びのためだけの幸福」というのは、はかないものです。ただ、「多くの人々の幸福につながるような生き方をしている人」というのは、自分へ還《かえ》ってくる幸福の供給源も、また無限であろうかと思います。「幸せになろうとすれば、他人《たにん》に親切にすることです」という言葉もあります。そのとおりであって、他の人々が悦ぶようなことをしていれば、人間は自然に幸福になるのです。

もちろん、このときに重要なチェックポイントとして、あまり自己犠牲《ぎせい》という面を強調しないことが大事だろうと思います。「自分を犠牲にして他人を幸福にしよう」と

●自己犠牲……「自己犠牲」については、2017年11月22日の法話「自己犠牲の精神」において、公的使命に自らの全人生を捧げるような、より高次な偉人的な生き方としての「聖なる自己犠牲」が改めて説かれた。『青銅の法』（幸福の科学出版刊）参照。

いう考え方は、やはり、不幸な感覚の一つであろうかと思います。そうではなくて、「他人を幸福にしていくなかに自分も幸福になっていく」という道を選んでいくことが、真に幸福なる日々を築いていくことではないでしょうか。そのように、私は思うわけです。

こういう観点から、人生の幸福というものを、もう一度、捉《とら》え直してみたいと思います。そうすると、どのようなことが言えるかというと、結局、「日々、自分の魂が進化しているかどうか。日々、自分の魂が何らかの向上を得たと思って、悦びを得ているかどうか」ということが大事なのではないかと思います。

また、「他の人々が悦びを味わうことによって、魂がいかに悦んでいるか」という魂の向上の悦び、魂の拡張の悦びが本当の幸福ではないかと私は思うのです。「自分自身の魂が、さらに霊的《れいてき》に進化して悦んでいるかどうか」、あるいは、「他人の悦びをも自分の悦びとすることができ、より大きな自分へと拡張することができたのかどうか」といった面が重要であろうと思います。

「幸福とは、自分が追い求め追い求めすると、指の間からすり抜《ぬ》けていくようなものだ」と言った人がいます。これも、結局、「魂の幸福」の意味を言っているのだろうと思います。幸福とは、「人に与《あた》えん与えん」として生きていると、やがて自分に与えられるものですが、「自分が得よう得よう」として追い回していると、やがて、蝶々《ちょうちょう》のように飛び回って逃《に》げていくもののように思います。

このように、結局のところ、「幸福の本質」「いちばん幸福になる方法」は何かというと、「自分のことを考えずに、一生懸命《いっしょうけんめい》、人のためを考えて生きること」だと思います。こういう生き方をしていると、非常に幸福になれます。ここが、結局、漏尽通力の幸福論への適用の段階となるわけです。

漏尽通力が大事であるというのは、この「幸福論」と非常に密接な関係にあるからです。というのは、霊的能力を持った人、霊能者というものは、ともすれば、エゴイストになりやすいのです。増上慢《ぞうじょうまん》になりやすいのです。あるいは、別の面からいくと、「自分が、自分が」という気持ちになりやすいのです。お山の大将になりやすいのです。

どうしても、霊能者というものは、「自分はとにかく偉《えら》いのである。周りの人たちは、自分にひざまずけばよいのである」という考えを持ちがちです。しかし、これが誤りであるということを、私は今、みなさんにお伝えしようとしているわけです。そうした「自分のエゴを拡張し、伸《の》ばすためだけの霊能力」というものは、非常にもろく、はかないものです。そうではなくて、そうした霊的能力を持ったのであるならば、それを一人でも多くの人々のために生かそう、役立てようとする心が大切なのです。

こうしてみると、そうした霊能力を多くの人たちに役立てようとする心が、また自分の幸福に還ってくることになるわけですが、多くの人々に霊的能力を役立てようとするときに何が必要かというと、結局、知力の問題が大事になるのです。

知力の部分が弱いと、慈悲魔《じひま》になってしまったり、人のために「よかれ」と思ってやったことが、悪いかたちで出てきたりするようになります。そうしたものです。

　したがって、本当に幸福なる日々を生きんとするならば、「霊的能力の現実世界への適用の仕方が大事だ」ということになりましょう。

5 高級霊《こうきゅうれい》への関心

この「仏法真理《ぶっぽうしんり》と学習」という本章の課題の一つとして、私は、「高級霊《こうきゅうれい》への関心」ということを挙げておきたいと思います。

本書以外でも、さまざまな書物で、私は高級霊の言葉を伝えてきました。それをあるときは「霊言《れいげん》」と呼び、あるときは「霊訓《れいくん》」と呼び、あるときは「霊示《れいじ》」と呼んでいますが、本質は同じです。高級霊界《れいかい》からの通信を明らかにしているわけです。

では、なぜ、そういうことをしているのでしょうか。この点について、話をしておきたいと思います。

「イエス・キリストが出た」とか、「モーセが出た」とか、いろいろな者が出たということで通信を公《おおやけ》にしていますが、これらは決して、私が「自分が偉《えら》い」ということを示さんがためにやっているのではないのです。そうしたことは、結局、多くの読者のみなさんに、「高級霊の本質とはいったい何か」ということを知ってもらいたいためにやっているのです。なぜ、高級霊の本質とは何かを知っていただきたいかというと、それはそこに、みなさんの「人生の理想」というものがあるからです。これが大事なのです。

人間は、手本となるべき人が欲《ほ》しいのです。先生となるべき人が欲しいのです。この世の人間には、やはり限界があります。この世には完全無欠な人はいません。完全無欠な人格の人もいません。また、完全に生き切った人間もいません。しかし、あの世の世界のなかには、限りなく神や仏に近い人たちがいることは事実です。それも、この世的なる誘惑《ゆうわく》や欲望を断《た》ち切って、魂《たましい》としてキラキラとした光を放っている高級神霊《しんれい》たちが数多くいるのは事実です。

われらが三次元にあって、この地上世界にあって目標とするものも、結局、「肉体の束縛《そくばく》、物質の束縛のなかにいて、そうした高級諸霊にどのように近づいていくのか」ということであろうと思います。これが、結局のところ、人生を向上させる秘訣《ひけつ》であるし、幸福の源泉でもあろうと思うのです。

私が数多く高級霊の言葉を紹介《しょうかい》している理由も、彼らが幸福そのものであるからです。高級霊たちは幸福そのものなのです。自分の個性のままに生きて、幸福そのもので生きているのです。この事実が、非常に大きな手本となるであろうと思います。「高級霊であって不幸である」というような人はいないのです。

高級霊が高級霊である理由は、結局、「神近き幸福、仏近き幸福を享受《きょうじゅ》している」ということであろうと思います。そして、その幸福の源泉は「悟《さと》り」という名の幸福であると思うのです。「悟っている」ということが、彼らの幸福の源《みなもと》であるわけです。

このように、高級霊への関心を増すということは、人間の幸福の源泉でもあろうかと思います。結局、仏法真理を学習するといっても、高級霊たちの考え方、神仏そのものの考えは私たちには分からないかもしれませんが、「神近き人たち、仏近き人たちの考え方を学ぶことによって、どれだけそうした人たちに近づいていくか。どれだけ神仏に近づいていくか」ということが大事なのではないかと思います。

したがって、霊言集などの学習の目標も、単に知力を磨《みが》くということではなく、そうした偉大《いだい》な魂たち、魂の持ち主たちの考え方を学ぶということなのです。「どのように考え方を学んでいくか。どのように理解していくか。それによって、どれだけ自分の魂の糧《かて》にしていくか」ということが大事だろうと思います。人間は、生まれつき持っている知識というものがありますが、やはり、先生というもの、教師というものがいて、そこから学ぶことによって啓発《けいはつ》されるのです。

独習というもの、独学というものがあります。それによって、学問を修めた方は立派でしょう。あるいは、立志伝中《りっしでんちゅう》の人物かもしれません。ただ、立志伝中の人物が敬《うやま》われるのは、まれなケースであるからです。

たいていの場合、八割、九割の人にとっては、正しい導き手、正しい先生がいることによって学習というものは進んでいくのです。もし、学校というものがなく、教師というものがいなくて、生まれ落ちた赤《あか》ん坊《ぼう》は自《みずか》らすべての知識を得なければいけないとなると、これは大変なことです。ほとんど不可能に近いでしょう。やはり、教師というものがいて手短に教えてくれるからこそ、多くの人たちはその知識を吸収し、人類の遺産を受け継《つ》いでいけるのではないでしょうか。

そうであるならば、高級霊たちがすでに叡智《えいち》として持っている思想や心情、考え方を私たちは吸収し、血とし肉とし骨とすることによって、より大いなる「魂の進化」がありえるのではないでしょうか。彼らの学んだことに、さらに一歩つけ加えることができるのではないでしょうか。

このように、「仏法真理と学習」というテーマを取ってみると、「高級霊への関心ということは非常に重要なテーマだし、そうした関心を持てば持つほど、それは自分の向上を意味し、自分の幸福感の増大を意味する」ということが言えると思います。

6　人生の大目標

さて、本章を閉《と》じるに当たって、「人生の大目標」ということに関して述べておきたいと思います。

人間を分けるのに二通りの見方があろうかと思います。それは、「大目標を持っている人」と、「持っていない人」ということです。

小さな目標というのは、どんな人間でも持っています。それは、「明日《あす》の暮らしをどうするか」というようなことであったり、「今月のわが家の家計をどうするか」というようなことであったり、「車を買いたい」というようなことであったり、「来月、進学がある」というようなことであったりします。

ただ、こうした小さな目標でとどまっているというのは、その人が平凡《へいぼん》であることの証明になることが多いのです。そうした小さな目標を持って生きているうちに、いつの間にか大人物になったという方も世の中にはいますが、たいていの場合、九割以上はそうではないと言えると思います。

やはり、大人物の大人物たるゆえんは、大目標を持っていたということなのです。しかし、大人物になる可能性を秘《ひ》めた大目標を持っている若者であっても、子供たちであっても、いつしか、その大目標を忘れていくということが現実ではなかろうかと思います。

では、どうして、そういう現実があるのでしょうか。なぜ、大目標を忘れていくのでしょうか。それは、「志《こころざし》を長く引き止めておくだけの材料がない」ということではないでしょうか。「そこに人生の志を長く引き止めていられない」ということではないでしょうか。「現実に蹉跌《さてつ》し、転んでしまう」ということではないでしょうか。あるいは、その大目標そのものが、自分自身のエゴのために出た大目標ではなかったでしょうか。そうした反省基準があると思うのです。

こうしてみると、人生の大目標を立てるときに、その基準が幾《いく》つかあると思います。その基準としては、やはり、「何が神近き方向、仏近き方向であるかということを、仏法真理《ぶっぽうしんり》を学ぶことによって設定し、認識している」ということが大事です。この世的に大成功しても、あの世に還《かえ》ったら、それが地獄界《じごくかい》での生活を意味しているならば、そうした大成功はまったく不毛です。「まったく意味がない」と言ってもよいでしょう。

そうではなくて、「この世での大成功が、あの世での大成功につながっていく」からこそ、この世も意味が出てくるのではないでしょうか。結局、大成功の目標、大目標としての成功目標を立てるときに、いちばん大切なことは、そうした神仏の心に沿わない目標を排除《はいじょ》しておくということではないかと思います。

では、神仏の目標に合致《がっち》しない、神仏の心に合致しないような人生の目標とは、いったい何でしょうか。それは、一言《ひとこと》で言うならば、「その人の霊性《れいせい》の進化につながらないような目標」だということが言えるでしょう。

では、さらに個別具体的に、「霊性の進化につながるとはどういうことか、つながらないとはどういうことか」ということを考えてみたいと思います。

まず、何が霊性の進化につながらないのでしょうか。それは、「物質がすべてである」という唯物《ゆいぶつ》思想、唯物論です。こうした思想をいくら突《つ》き詰《つ》めても、本当の意味での人生の大目標ともならないし、神仏の心に適《かな》った生き方ともなりません。単なる唯物思想、物質万能《ばんのう》思想というものは、断断乎《だんだんこ》として排除すべきです。こうした思想を声高《こわだか》に叫《さけ》び、人生を生きてきた人たちは、死後、あの世で厳しい試練が待っていることが多いのです。魂《たましい》の真実に目覚めなければいけません。「物がすべてである」という考え方に毒された人たちは、何らかのかたちで、あの世に還って反省を余儀《よぎ》なくされるのです。これは警告しておきたいと思います。

では、霊性の進化につながるものとは、いったい何でしょうか。それは、結局のところ、「愛の実践《じっせん》」ということであろうと思います。愛とは、人と人との間にあって、人と人とを結びつける力です。人を育《はぐく》む力、人を向上させる力です。人間と人間とを結びつけ合って、お互《たが》いの力を二倍にも三倍にもしていくことです。より幸福感を高めていく力です。これが愛です。結局、こうした愛への貢献《こうけん》、愛の発展ということを伴《ともな》わない人生の大目標は、虚《むな》しいということです。なぜならば、神仏とは愛そのものでもあるからです。こうした、「愛の向上」というものを内包しているような大目標であってほしいと思います。

また、もう一つの観点はいったい何かというと、それは結局のところ、「多くの人々によい影響《えいきょう》を与《あた》えうる目標であるかどうか」ということだと思います。「できるだけ多くの人たちに、できるだけよい影響を与えるということ。最大多数の人に最大の幸福を与えるということ。最大の感化を与えるということ」といったことなくして、本当の大目標とは言えません。「最大多数の最大幸福」であるということ、その幸福が仏法

●最大多数の人に……　至高の神においては、「最大多数」を超えて、「全人類」、「全員の幸福」の実現を目指している。『正義の法』(幸福の科学出版刊)参照。

真理に合致した「この世とあの世を貫《つらぬ》く幸福」であるということが大切なのです。

そのようなわけで、霊的な進化に奉仕《ほうし》するような大目標というのはどのようなものかというと、まず、「唯物思想ではない。物がすべてであるというような、この世的なる成功ではない」ということです。これが消極要件としてあるわけです。

それ以外に、積極要件としては、「愛の発展に寄与《きよ》する」ということ、また、「大多数の人によい影響力、感化力を与えられる」ということがあると思います。

さて、それを前提として、さらに、「人生の大目標とはいったい何か」ということを考えてみたいと思います。結局、それは、「神仏近き人間になっていくこと」だと思います。この一言に尽《つ》きるのではないでしょうか。

「どれだけ神仏近き人間になるか。わずか数十年、あるいは、百年の与えられた人生において、いったいどれだけ神仏近き人格を築いていくか。そうした人間になっていくか」ということです。これが、「人生の大目標」と言いうるものだろうと思います。

では、みなさんは、どのように生きれば、神近き存在、仏近き存在となれるのでしょうか。そのような、自分にとっての人生の大目標を、自分自身の育った環境《かんきょう》、教育、思想、習慣と照らし合わせ、あるいは、自分自身の性格や特質といったものと照らし合わせて発見していくことこそ、本当の意味での人間の生き方だと私は思います。

こうした本当の神仏近き自分、あるいは、神仏近き存在としての自分を発見するためにも、「仏法真理と学習」というテーマが必要なのではないでしょうか。そうしたことを特に注意して、今後とも大いに精進《しょうじん》していきたいものだと考えています。

第6章

心の平静と祈《いの》り

1　静寂《せいじゃく》の大切さ

本章では主として、「心の穏《おだ》やかさ」「平静さ」「平安」ということについて話をしていこうと思います。

まず、私は、「静寂《せいじゃく》ということの大切さ」について語ってみたいと思います。現代文明のいちばんの問題点がいったいどこにあるかといえば、結局のところ、「忙《いそが》しすぎる」、あるいは、「喧噪《けんそう》のなかにある」という点にあるのではないかと思います。

とにかく騒《さわ》がしい文明です。この文明の側面を音楽的に見るとするならば、例えば、ジャズであるとか、ロックであるとか、心静かな人にとっては騒音《そうおん》としか思えないような音楽になると思います。これが現代文明の一つのあり方であろうと思います。一時代《ひと》前のクラシック音楽の時代が過ぎ、そうした高級霊が指導していない場合の地獄《じごく》的なる音楽が氾濫《はんらん》している時代と言えるかもしれません（例外はある）。

これはビジネスマンにとっても同じであって、「とにかく忙しい。電話、ファクス、メール、あるいは、来客、訪問といった分刻みの厳しいスケジュールのなかに生きていて、心が休まるときがない」と言えると思います。

そういう意味で、静寂というものの値打ちが失われているのではないかと考えられるのです。時折、人々は休みを取って、古都の京都であるとか、奈良《なら》であるとか、鎌倉《かまくら》であるとかを、ふと無性《むしょう》に歩いてみたくなることがあります。「そうした所で古仏《こぶつ》の顔を見ながら心を休めたい」と思うことがあるわけです。しかし、それも束《つか》の間《ま》であって、また、日常の喧噪のなかに、その姿が消えていくことが多いのではないかと思います。

静寂の大切さは教えられないとなかなか分からないものですが、人は時折、一年に一度、あるいは、数年に一度、そうした静寂ということに対して思いを巡《めぐ》らせます。例えば、新宿《しんじゅく》の副都心のような大都会の、五十階建ての超《ちょう》高層ビルのなかで忙しく仕事をしていて、「これこそが人間のあり方だ」と思っていた人が、ふと京都のような山寺の軒先《のきさき》に佇《たたず》んでみて、自分の世界とのあまりの違《ちが》いに驚《おどろ》くことがあります。

そして、そうした所に座《すわ》って、書物を読んだり考え事をしたりして、石庭などを眺《なが》めながら一日いろいろなことを考えてみると、「はたして、人間の値打ちとは何なのか。人間の幸せとは何なのか」ということをふと思い、分からなくなってしまいます。こうしたことに関しては、人々は、ほとんど指導されることもなく、それぞれの感性のままに流されていると言えるのではないでしょうか。

こうしてみると、「大都会の何十階建ての高層ビルで忙しく立ち働く」ことと、「庵《いおり》、あるいは、お寺のような所で静かに自分の心を振《ふ》り返ってみる」ことの、どちらがはたして人生にとって値打ちのあることかといえば、一概《いちがい》には言えません。人は華《はな》やかな世界を求めるわけですが、ふと、「心の故郷《ふるさと》はそこにない」という感じを受けます。いろいろな書類を書いたり、電話で忙しく話したりすることのなかには、本当の心の安らぎはないのではないかと思うのです。

その感は、地上を去って、あの世の世界、すなわち霊天上界《れいてんじょうかい》に還《かえ》ってみると、もっと深くなってきます。地上的な忙しいビジネス世界というものは、霊界《れいかい》においては、非常に低い世界です。

高級霊界に行くほど、心は調和され、安らかな世界が展開しています。山々は緑であり、野原は美しいのです。花が咲《さ》き乱れ、蝶《ちょう》が舞《ま》い、鳥が飛び、人々は安らかな会話を交《か》わしています。心は穏やかであって、「永遠の今」を生きているという感じがします。

ところが、下層霊界に行くと、人々は、時間に追い立てられるように忙しく立ち働いていることがよくあります。もちろん、上段階の指導霊であっても、仕事そのものはたいへん忙しく動いていることはあるわけですが、それでも、心の安らぎというものを常に持っています。そのようなことが言えるのではないかと思います。

　こうしてみると、静寂というものは、やはり、心の奥深《おくふか》いところにある根源的なる欲求だと考えたほうがよいと思います。人間には、そうした静寂を求める気持ちがどこかにあるということです。何ゆえに静寂を求めるのでしょうか。それは、かつて魂《たましい》の故郷《ふるさと》において味わった感覚であるからです。魂の故郷において、そうした静寂のもたらす幸福感というものを味わったからです。

　修道院などでは、一日に一定の時間、観想《かんそう》、あるいは、沈黙《ちんもく》ということをさせるわけですが、誰《だれ》とも話してはいけない時間というものがあります。そうした時間を設《もう》ける理由は、「自分の内を見つめて、自《みずか》らの内なる心を掘《ほ》り出す。内なる心と対話する」ということを通して、昔、魂が味わった郷愁《きょうしゅう》を想《おも》い起こすことができるからではないでしょうか。

　これは、人間のいちばん根源的なる欲求のうちの一つなのです。外面的な派手さを求めるのは、どちらかといえば、魂においては偽我《ぎが》に近い方向です。外側の面であり、偽《いつわ》りの部分です。

ところが、静寂を求める心は、魂の奥の奥にあるものを求めていく行為《こうい》、すなわち、神仏へと向かっていく行為でもあるわけです。こうした静寂の持つ意味というもの、その大切さということを現代人は忘れ去っているように思います。

「静寂なままに生きる。静寂のうちに考える。静寂のうちに生活をする」ということは、それで一つの価値ある生き方なのです。忙しい毎日であればあるほど、忙しくいろいろな人と会っていれば会っているほど、「静寂な時間を取る」ということが大事であろうと思います。そして、自らの内を振り返り、いろいろなこの世的な波動《はどう》に乱されることなく、心の楽しみを味わってみることです。

この心の王国、心の王国における自由の満喫《まんきつ》は、何人《なんぴと》にも侵《おか》されない永遠の幸せです。この永遠の幸せを守ることが大事なのです。

忙しく生きる人であればあるほど、もう一度、自らを振り返り、そうした静寂の時間を取ってみてください。何も話さず、何も聞かず、静かにしている時間です。それは五分でも十分でも十五分でも構いません。そうした時間があるだけでも、人間の魂はそれだけ霊的な瞬間《しゅんかん》を持つことになるのです。その霊的瞬間を忘れてはならないと私は思います。

2　平坦《へいたん》なる道

こうした静寂《せいじゃく》の日々を送るということは、ある意味においては、非常に平坦《へいたん》なる道を歩んでいると言えるかもしれません。人は、ともすれば、目立つことをやりたがります。華《はな》やかなこと、非常に外面的なことに心惹《こころひ》かれていきます。この世的な地位や名誉《めいよ》、あるいは、金銭に心惹かれていきます。

この世の地位や名誉も、ある意味で魂《たましい》の進化に役立つ面があることは事実です。大いなる地位が与《あた》えられることによって、それだけの魂修行《しゅぎょう》ができることもあります。そういう事実もあるでしょう。多くの人に影響《えいきょう》を与えられるということもあるでしょう。

しかしながら、地位や名誉に揺《ゆ》れる心は、いつしか静寂心を失っていくことになります。地位や名誉のために生きてきた人が、定年退職を迎《むか》えてから惨《みじ》めな晩年を送ることが多いのも、そうしたところに原因があると思います。

大切なことは、どのような地位に就《つ》こうとも、どのような肩書《かたがき》を持とうとも、どのように収入が増えようとも、常に変わらぬ自分を持ち続けることです。「心のなかに、いつも澄《す》んだ湖のような自分を持っている。内なる自分のなかに、満々と水をたたえた湖のような心、あるいは、穏《おだ》やかな春の海のような心を持ち続ける」ということが大事であろうと思います。

これは、非常に平凡《へいぼん》に見えるかもしれません。平坦に見えるかもしれません。しかし、これが、ついには人生の勝利者になる道であるわけです。

いろいろなことがあろうとも、外面的にいろいろな脚光《きゃっこう》を浴びようとも、また、脚光を浴びない暗い世界に生きていようとも、常に心のなかに、穏やかに光る湖面のような静かな美しさ、鏡のような部分を持っている必要があると私は思うわけです。人間は人生がドラマチックであればあるほど、心が躍《おど》り、血が湧《わ》き、感激をすることが多いのですが、平坦なる道を歩んでいくという気持ちも大事です。

昔話に、次のような話があります。僧侶《そうりょ》が二人、川のほとりに歩いてきたところ、女性が一人困っていました。実は、川が渡《わた》れないでいたのです。見れば、たいへん若く美しい女性です。

一人の僧侶はこう思いました。「女人《にょにん》は悟《さと》りの妨《さまた》げである。女人とは話してもいけない。もちろん、女人に触《ふ》れるなど、もってのほかである」と。そのようなことを考えたのです。

もう一人の僧侶は、つかつかと女人に近寄って、「川を渡りたいのならば、私が渡してあげましょう。私の肩につかまりなさい。私の背中に乗りなさい」と言って、さっさと女人を背負って川のなかに入っていきました。そして、腰《こし》まで浸《つ》かり、やがて川から出てきて向こう岸に渡っていったのです。

それをもう一人の連れの僧は見ていて、唖然《あぜん》としたものの、憤然《ふんぜん》とした面持《おもも》ちで、あとからついて川を渡っていきました。先の女人を背負った僧侶は、やがて川を渡ると、女人を河原《かわら》に降ろし、「では、お元気で」と言ってスタスタとまた進んでいったのです。

あとから追いついた僧侶は、その女人を渡した僧の肩をつかんで、「おい、おまえ、おまえは今、破戒《はかい》僧となったぞ。仏道《ぶつどう》修行は、女人とのかかわりを断《た》つことが基本である。それにもかかわらず、女人と話をし、こともあろうに女人を背負って川を渡るとは何事であるか」という問いかけをしたわけです。

すると、その僧侶はこう答えました。「わしは、もう女人を背中には背負ってはおらんぞ。おまえはまだ背負っておったのか」と。そうした話をしたわけです。

そのように、形式主義で物事を考える人間というのは、「とにかく、いろいろな人との接触《せっしょく》や出来事など、外面的なことを避《さ》けて、何もしない戒律的な生き方さえすれば、心穏やかに生きられる」と思いがちですが、本当は、修行の道とはそうしたものではないのです。「僧侶であるから、女人が困っているときに助けない」というようなことが仏道修行の本道ではありません。

人が困っているときには助ければよいのです。それが女性であるからといって、そのことばかりにいつまでもこだわっているのはおかしいでしょう。「女性であっても助けるときは助け、助け終わったらもう忘れ去る」、ここに無執着《むしゅうちゃく》の境地があるわけです。

ところが、もう一人の僧侶は、女性を背負わなかったにもかかわらず、川を渡っても、まだ女性のことが気にかかって気にかかってしかたがないのです。心のなかに、それだけの執着をつかんでいるわけです。〝女人を背負っている〟のはそちらです。

そのようなわけで、平坦なる道というのは、決して何も起きない道のことを言っているのではないのです。人生において、「何の刺激《しげき》もないような生き方をしろ」と言っているのではありません。山のなかに籠《こ》もったり、滝《たき》に打たれたり、あるいは、洞窟《どうくつ》のなかに坐《すわ》ったりすることで、「平坦な生き方をする」ということを言っているのではないのです。

人間的にこの世に生きるなかには、さまざまな事件もあるでしょう。出来事もあるでしょう。しかし、するべきことはし、処理するべきことは処理し、片付けることは片付け、テキパキと捌《さば》きながら、しかもなお、心のなかに穏やかな湖面のような心を持ち続けて生きていくことが大事です。これが「無執着の境地」です。

そのように、どんな出来事があっても、すぐに心の穏やかさを取り戻《もど》す境地が大事です。いつもいつも、過去のことを思い出してよいわけでは決してありません。

会社を退職したあとに、「自分は○○という一流会社の重役であった」「社長であった」「部長であった」というようなことをいつまでも言っている人がいます。

しかし、そうしたことは、その人が勤めていたときの机や肩書がそう言わせているのであって、その人自身にそのような力があったわけではないのです。なぜならば、その人が会社を去っても、会社は潰《つぶ》れてはいないはずだし、他の人が十分にその地位をこなしているはずだからです。仕事とはそうしたものです。取って代われるものをもって「仕事」と言うのです。

したがって、肩書や地位がいつまでもあると決して思ってはいけません。「それを取り去ったときに自分に何が残るか」ということを、いつも淡々《たんたん》として考えるような自分でなくてはいけないのです。そのへんを人間は誤解します。自分があげた実績や、自分の名前などにこだわります。そうしたものは過ぎゆくものだと思い、日々、うまずたゆまず、自分の思う道を歩んでいくことが大事です。

ある人にとっては、結婚《けっこん》するということが一大事件であり、人生の重大事であり、「生きるか死ぬか」といった大きな問題であるように思われることもあります。しかし、結婚しようがしまいが、淡々として歩んでいくのが人生の本道です。「そうしたこともあったか」ということです。

長い長い転生輪廻《てんしょうりんね》の過程においては、今世《こんぜ》の人生というのはほんの一瞬《いっしゅん》です。ほんの短い時間です。そのなかで、誰《だれ》と連れ添《そ》い、誰と生活をし、誰と共に悩《なや》みを分かち合ったとしても、それがどうということもありません。

それは、ちょうど、川を渡るときの僧に似ています。「あるときには女人を背負い、あるときには離《はな》す。いつまでも背負っていない」ということです。「川を渡るべきときには助けてあげなさい。渡り終わったらそれを降ろしなさい」ということです。

そのように、外面から自分を護《まも》るため、外部から自分を護るために、何の波風もないような防波堤《ぼうはてい》のなかに自分を閉《と》じ込《こ》めようとする必要は決してありません。いろいろなものの影響を受けながらも、そのなかで平坦に、何もなかったかのように、昨日《きのう》も今日も明日《あす》も変わらないような生き方をしていかなければなりません。

昨日、部長に任命され、今日、部長を解任されたとしても、淡々として生きていけるような人生でなければいけません。今日、独身であり、明日《あした》、結婚したとしても、それで豹変《ひょうへん》するような人格であってはいけないのです。

「何もなかったがごとく過ぎていく。人生の途中《とちゅう》で出合ういろいろな出来事を、すべて魂の糧《かて》として吸収していく」ということが大事です。そうした生き方をしているときに、知らず知らずのうちに、魂は大きな器《うつわ》となっていくのです。

その途中で何も見ない、何も聞かないということがよいことではありません。馬車馬のように、目隠《めかく》しをして前へ走ることのみをもって、よしとしてはいけないのです。目隠しはないので、いろいろな景色は見えるけれども、ただ淡々と、ポクポクと道を歩いていくをもって、よしとしなければいけません。

そういう心境にあるときに、心は執着にとらわれることは少なく、多くの迷いから遠ざかることができます。「無執着の境地」「平坦な道を歩まんとする心」こそが、大いなる成功の道へとつながっていくのです。

3　長距離《ちょうきょり》ランナーの心得《こころえ》

こうした「平坦《へいたん》なる道を歩まんとする心」は、言葉を換《か》えて言えば、「長距離《ちょうきょり》ランナーの生き方」そのものです。人生をどのように見るかということについては、いろいろあるでしょう。人生を百メートル走だと思う人もいれば、四百メートル走だと思う人もいるでしょう。あるいは、千五百メートル走だと思う人もいるかもしれません。いろいろな考えがあるでしょうが、やはり、私は、人生というものは、原則、長距離走であると思います。これは一つのマラソンです。

マラソンはいろいろな所を走っていきます。畦道《あぜみち》を走ることもあれば、舗装《ほそう》された道路を走ることもあります。上り坂を走ることもあれば、下り坂を走ることもあります。マラソンの途中《とちゅう》で雨が降ることもあれば、日がカンカンと照りつけることもあるでしょう。風が吹《ふ》くこともあって、頬《ほお》が打たれることもあるでしょう。走っている途中に雪が降ることもあれば、雹《ひょう》が降ることもあるかもしれません。

そうしたいろいろなことがありますが、どのようにして最終地点まで自分の体力をもたせつつ、走り抜《ぬ》くかということが大事です。前半にいくら速いスピードで走ったとしても、後半でバテてしまって動けなくなったらそれまでです。また、最後まで行けばよいからといって、のんびり歩いていってよいわけでもありません。

そのように、「人生は長距離ランナーの走り方と同じである」という考えに立って、四十二・一九五キロを走り抜くために、自分の力や時間を十分に配分することが大事であろうと思います。

これは、ある意味では、水泳の選手もそうかもしれません。水泳には、五十メートル、百メートルといった泳ぎもあるかもしれませんが、人生という名の水泳は、やはり、遠泳と同じでしょう。遠泳と同じであるなら、波に体を浮《う》かせ、水に乗らなければ、そうした長い泳ぎはできないものです。波に逆《さか》らってばかりではいけません。波に乗り、体を浮かせて泳いでいくことが大事です。

長距離ランナーは、すなわち長距離泳者、長距離の泳ぎ手でもあります。体が疲《つか》れたときには力を抜き、水に逆らわずに、水に乗って泳いでいくこと、水と自分とが一体になっているような感じが大事です。

マラソンでもそうです。「自分が意図的に足を動かし、力を入れて走っている」という気持ちでもっては長く続きません。「タッタッタッタッ」と足音だけを残して走っていく気持ちが大事です。

マラソンのときには、そうしたことが分かるにもかかわらず、人間は人生のなかで、ともすれば、短距離走をやってみたくなります。下り坂に入ってスピードが出てきたと思えば、そのスピードで一気に走り抜けようとするのですが、やがて、また上り坂にさしかかると、そこで苦しくなってきます。こうしたものです。

決して、一時的なところで力みすぎず、また力を抜きすぎず、少しずつ力を蓄《たくわ》えながら走っていくということが大事です。途中でバテないように、ラストスパートのエネルギーだけは残しておく必要があるわけです。

結局、人生もこうしたものです。まず、「完走する。最後まで走り抜く」ということを第一の目標とすべきです。とにかく、「最後まで走り抜く。自分の人生を自分のものにする。自分の納得《なっとく》のいくものにする。何十年かかろうとも、納得のいく人生とする」ということが第一義です。

そして、次は、その人生を生き抜くための力の配分、時間の配分が大事です。「どのように時間を配分するか。力を配分するか」ということです。

まず、前半は、体を温めるということも大事でしょう。ウォーミングアップを兼《か》ねて、まず、体の調子や、「どの程度の速度で行けば息が続くのか。息が上がらないで行けるのか」ということを点検してみることです。

やがて、少しずつピッチを上げていき、「全体の集団のなかで自分がどのへんにいるのか。トップ集団にいるのか、第二集団にいるのか」ということを見極《みきわ》め、どの集団のなかでついていけるかを見ることです。そして、ついていけるだけついていくことが大切です。

そのうちに、マークする人、「この人についていこう」という人が誰《だれ》か出てくるでしょうから、その人にピッタリとついていくことです。ペースメーカーとして誰かについていくのです。そして、あるところでその人が脱落《だつらく》していくこともあるでしょう。そのときには、自分が追い抜いて走っていくことです。

そのように、四十二キロを走り抜くために、力の配分や時間の配分など、いろいろなペースをつくっていくことが大事です。どうか、人生を短距離走だと思わないでください。人生は長距離走だと思って、長距離ランナーの心得《こころえ》を持つ必要があります。「短期間で効果を出したい」とか、「すぐに成果をあげたい」というような心には、焦《あせ》りがあります。今すぐに効果が出なくとも、将来的に効果が出るような生き方をすることが大事です。

これは、単に、マラソンにたとえられるのみならず、実社会においてもそうです。早く偉《えら》くなりたいと焦っている人を見ると、人は偉くしたくなくなるものです。ところが、出世などに無欲で黙々《もくもく》と働いている人を見ると、なぜか偉くしてやりたくなります。そうしたものなのです。目につくようなスタンドプレーをやりたがる人というのは、人に敬遠されます。しかし、そうしたことはせずに、コツコツと地道に働いている人を見れば、人はそれに対して敬意を惜《お》しまなくなっていくものです。

そのように、長距離ランナーというのは、結局において勝利する道であるわけです。自分というものを見つめながら走っていくことです。短距離のときには何も考える暇《ひま》はないでしょう。しかし、長距離の間には、いろいろなことを考えることがあります。そうしたものです。常に自分を見つめながら、淡々《たんたん》と走っていくという姿勢を忘れないことです。

それと、もう一つ大事なことは、「長距離ランナーが務まるためには、日々、トレーニングを欠かさないこと」だと思います。何の準備もしなくても、百メートルぐらいを走れる人はいくらでもいるでしょう。ただ、何十キロものマラソンとなると、急には走れません。やはり、その前には、毎日二キロ、三キロ、あるいは、五キロ、十キロといった距離を走っているということが前提になります。そういうことを続けていってこそ、ある日に、何十キロという距離を走ることができるのです。日ごろから自《みずか》らの足腰《あしこし》を鍛《きた》えておくことです。これは、肉体的な足腰だけではなく、精神的なる足腰をも鍛えておくことが大事です。

仕事をしている人間であれば、「今のポストがなくとも生きていけるような自分」、また、「それ以外でも生きていけるような自分」、さらに、「ポストが上がっても生きていけるような自分」をつくっておくことが大事です。

このマラソンの考え方を生かすならば、「三十年後に社長になろう」というように思う場合には、いきなり社長になれるわけがないのですから、まず平社員のときには、係長になったときに困らないように足腰を鍛えておくことです。

係長のときには、課長補佐《ほさ》や課長代理になってもおかしくないような生き方をしておくことです。課長代理のときには、課長になってもいけるような準備をしておくことです。課長のときには、部長になってもいけるような準備をしておくことです。部長のときには、本部長をやってもいけるような準備をしておくことです。あるいは、本部長のときには、取締役《とりしまりやく》になってもいけるように、取締役は常務になってもいけるように、常務は専務になってもいけるように、専務は副社長になってもいけるように、副社長は社長になってもいけるように準備をしておくことです。

これも短距離ランナーではない、長距離ランナー独特の心掛《こころが》けです。

自分が抜擢《ばってき》されたら、急に俄然《がぜん》、力を発揮する人もいますが、そうしたものではなくて、一つ先のことを考えて、常に力を磨《みが》いておくことです。課長をしながら、すでに部長の風格が備わり、部長の能力が備わっていれば、自然とその人は部長になるようになっているのです。課長のときに平々凡々《へいへいぼんぼん》と生きていて、「部長になったら、一躍《いちやく》、頑張《がんば》ろう」などと思っていても、なかなかそうしたポストは現れません。

これは、宗教の団体においてもそうです。「一躍、抜擢されれば力を発揮しよう」などと思っている人もいるでしょうが、そうではなくて、「日々、力を磨いていく。

日々、自己を磨いていく」ということをやっていくなかに、次なる道が開けてくることが多いということです。ポストを目当てに勉強したり、ポストを目当てに運動したりすることが正しいことではありません。私は、そのように思います。

この「長距離ランナーの心得」を、どうか、読者のみなさんも学んでいただきたいと思います。

4　祈《いの》りの本質

ここでは、祈《いの》りの本質について、話をしておきたいと思います。

祈りは、いろいろな宗教のなかにずいぶんあります。もちろん、祈りをやらない宗教もありますし、仏教のなかでは、基本的には、祈りということはあまり言いません。もちろん、祈願《きがん》というものはありますが、祈りはあまり言わないかもしれません。

この祈りの本質とはいったい何なのでしょうか、何をもって「祈り」と言うのでしょうか。また、祈りは、いったいどのような経緯《けいい》から生まれてきたのでしょうか。

そうしたことを考えてみたいと思います。

先ほどの長距離《ちょうきょり》ランナーの話でいくならば、まず、祈りとは何かというと、スタートする前に、「どうか四十二キロを完走させてください」ということが祈りでしょう。「最後まで走れますように、走り抜《ぬ》けられますように」ということでしょう。

実際にスタートラインからスタートしたときには、「このあと、どうか、自分が人《じん》後《ご》に落ちずに、納得《なっとく》のいくようなかたちで走れますように」ということでしょう。

また、途中《とちゅう》の十キロ、二十キロで苦しくなったときには、「どうか、この苦しさを取り除いてください。へたばらず、へこたれず、スタミナを落とさずに最後まで走り抜けられますように」という祈りもありましょう。

あるいは、後半の三十キロ、四十キロになったら、「ラストスパートができますように、最後の仕上げができますように」という祈りもあるでしょう。

あるいは、ゴール目前となれば、「見事にゴールインできますように」という祈りもあるでしょうし、ゴールインすれば、今度は、「どうも長い間ありがとうございました」という祈りもありましょう。

そのように、祈りも、その人の置かれた時点時点で、また内容は変わってくるものと思われます。

ともあれ、祈りの本質はどこにあるかというと、結局は、「自分以外のものに対する帰依《きえ》」、あるいは、「自分を超《こ》えるものに対する帰依」ということではないでしょうか。これが祈りの本質にあると思います。

なぜ、「自分を超えるものに帰依する」、すなわち、「お任せする」という気持ちになるのでしょうか。それは、「人生は一寸先《いっすんさき》が闇《やみ》」とも言われるように、人間は先のことが分からないけれども、「自分もまた、根本仏《こんぽんぶつ》の創られた大宇宙の一員であり、大生命の一端《いったん》である」という自覚があるからではないかと思います。

「大生命の一端であるからこそ、自分の内には大宇宙の根本仏に通じるものがある。その自分の内なるものを求めていったときに、大いなる神仏に通じるものがあるのである」ということです。そうした神仏に通じるものを呼び出さんとする姿が、祈りではないかと私は思います。

祈りとは、増上慢《ぞうじょうまん》になることであったり、うぬぼれることであったり、自己本位のまま、自我我欲《じががよく》のままに欲求を出すということでは決してないと思います。

それは、「本来、自分の内にあり、また、神仏の属性でもあるところのものを呼び出すための儀式《ぎしき》」と言ってもよいかもしれません。「無限の力、無限のエネルギーを呼び出すための儀式」と言ってもよいのではないでしょうか。

こうしてみると、祈りの際に、特に注意をしなければいけないことがあると思います。それは、自分以外のところに、本当は力を求めているのではないということです。祈りは、本当は、自分のなかにあって自分を超えたものに通じんとすることです。自分の内なるものを発見していって、自分を超えたるものへ辿《たど》り着かんとすることが祈りなのです。

これは、もちろん、心霊学的《しんれいがく》に見れば「高級霊」と言ってもよいし、「神」と言っても「仏」と言ってもよい人たちへの通信ということにもなりましょう。ただ、それは、自分とまったく別個の存在ではなく、本当は魂《たましい》のなかにおいて、つながりがある人たちなのです。

そして、このときに大事な技法、手段、方法があります。それは何かというと、心を空《むな》しくしなくてはいけないということです。

あの世の実相世界に通じるパイプというものは、ともすれば詰《つ》まりやすいのです。なぜ詰まるかというと、この世の人間には「欲」があるからです。支配欲、独占欲《どくせんよく》、権勢欲、金銭欲、性欲といった「欲」です。地上の人間が欲のままに生きていると、このパイプが詰まっていきます。

このパイプを常に詰まらさないようにするためには、淡々《たんたん》として、「無執着《むしゅうちゃく》の生き方」をしていくことです。何があっても、何もないかのごとく生きていくことが大事なことであろうと思います。

したがって、祈りとは、自己のなかにあるものが超越《ちょうえつ》的意識に通じているということを認識し、その超越的意識に通じるパイプを常に詰まらさぬように掃除《そうじ》をしておくことになります。この部分が大事であって、掛《か》け声だけの祈りや、自我我欲を増長させるための祈りというのは、まったく魔界《まかい》に通じていく祈りとなるので、そのあたりは、常々、考えておかねばなりません。

祈りにおいて大事なことは、そうした全託《ぜんたく》に近い、無執着の思いであろうと思います。祈りの本質が自己実現にあるとしても、その自己実現が単なる自分の利益のみを生み出すような自己実現であるならば、この祈りは違《ちが》った方向へと曲がっていくことがあります。それは、あるときには、仙人界《せんにんかい》、天狗界《てんぐかい》の念の性質のほうに入っていくこともあれば、あるときには、地獄界《じごくかい》に通じることもあります。この「祈りの効果、方向性」という部分の研究が大事です。

すなわち、「常によきことを祈る。自分のみならず、人々にとって、世界にとって、社会にとってよきことを祈る。祈りを出すときの自分の心は穢《けが》れていないかどうかを点検する。明るい心で祈っていく」ということです。

それは、ある意味において、「神仏との対話」とも言えましょう。「神仏と対話することが祈り」とも言えましょう。そういうことではないかと思います。祈りには、まず、「謙虚《けんきょ》さ」、そして、「無執着」ということを特に重視していただきたいと思

郵便はがき

料金受取人払郵便

赤坂局承認

8335

差出有効期間
2024年9月
30日まで
（切手不要）

107-8790

112

東京都港区赤坂2丁目10—8
幸福の科学出版（株）
読者アンケート係 行

ご購読ありがとうございました。お手数ですが、今回ご購読いただいた書籍名をご記入ください。

書籍名

フリガナ お名前	男・女	歳
ご住所 〒 都道府県		
お電話（ ） —		
e-mail アドレス		
新刊案内等をお送りしてもよろしいですか？ ［ はい（DM・メール）・ いいえ ］		
ご職業 ①会社員 ②経営者・役員 ③自営業 ④公務員 ⑤教員・研究者 ⑥主婦 ⑦学生 ⑧パート・アルバイト ⑨定年退職 ⑩他（ ）		

プレゼント＆読者アンケート

皆様のご感想をお待ちしております。本ハガキ、もしくは、右記の二次元コードよりお答えいただいた方に、抽選で幸福の科学出版の書籍・雑誌をプレゼント致します。（発表は発送をもってかえさせていただきます。）

1 本書をどのようにお知りになりましたか？

2 本書をお読みになったご感想を、ご自由にお書きください。

3 今後読みたいテーマなどがありましたら、お書きください。

ご感想を匿名にて広告等に掲載させていただくことがございます。
ご記入いただきました個人情報については、同意なく他の目的で使用することはございません。

ご協力ありがとうございました！

います。

この全託の精神というものは、別の観点から言えば、非常に投げやりに近いように見えるかもしれませんが、大事なことは、〝棚《たな》からぼた餅《もち》が落ちる〟ことを祈るのではなく、「常に自《みずか》らを磨《みが》きつつ、その大いなる成果について神仏に委《ゆだ》ねる」ということです。常に自らを磨いておくことが、祈りが答えられるための前提条件なのです。

何もせずに、「神よ、仏よ、われに答えたまえ。答えてくれるなら信じましょう。答えなければ信じません」といった祈りは本当の祈りではありません。

常に自らが神仏に近づいていくための努力をしながら、「神よ、仏よ、願わくば、この祈りを叶《かな》えたまえ」「適当な時期があるならば、そのときに祈りの答えを与《あた》えたまえ」「この祈りが、私の魂の向上にとって役に立たない祈りであるならば、どうか、神よ、仏よ、また、別の機会にわれを指導したまえ、磨きたまえ」という考えです。こうした余《よ》裕《ゆう》が大事であると私は思います。

ですから、本当の祈りが通じるためには、日々、心を謙虚にし、無私にし、努力する姿勢が大事です。そういう姿勢があってこそ、初めて「全託」ということも生きてきます。これがなく、まったく欲望のままに、まったくのお任せで祈るのが全託ではないのです。このような考え方が非常に大事であろうと思います。

この地上を去った高級霊界《れいかい》においては、さまざまな高級霊たちが活躍《かつやく》していますが、彼らは地上の人間以上の認識力を持っています。地上の人間が分かる以上のことが分かるのです。そういう彼らであるから、適当なときに、適当なもの、あるいは、適当な人を与えてくださるのは当然のことです。その適当な時期や方法、あるいは、相手というものを、地上の人間心《ごころ》で限ってはいけないのです。

例えば、結婚《けっこん》という自己実現があって、結婚のための祈りがあったとしましょう。このときに、純粋《じゅんすい》に、「自分は結婚したほうが、いろいろと世の中の役に立てる。人の役に立てる」という心でもって祈るならば、その祈りは正しい祈りだと言えましょう。

　しかし、そのときに、例えば、自分が特定の相手を心に描《えが》いていて、「その相手と、どうしても結婚させてください」と言って祈りを続けるとどうなるでしょうか。たまたま、神縁《しんえん》や仏縁がある相手であるならば、その祈りは正しい祈りとして叶えられるでしょう。しかし、そうでない祈りを念によって成就《じょうじゅ》させようとするならば、相手を縛《しば》り、相手を自分の意のままに動かさんとする自己保存、自我我欲、エゴの祈りとなります。

　したがって、こうした祈りをした人は、間違えば地獄界、また、少し外れれば仙人・天狗界へと通じていきます。

「自分の祈りや念によって他人《たにん》を自由に支配したい」という思いは誤りです。そうであってはいけません。祈りのときには、必ず、「神仏の御心《みこころ》に適《かな》うならば、こうした祈りを叶えてください」というように、特定の相手を縛ったり、動かそうとしたりしないことです。それを人間心で判定してはいけません。

「もし、よろしければ、神仏の望まれる相手であるならば、あの人と結婚させてくださいませ。しかし、そうでないならば、御心のままにしてください。また、それ以外に私に合う人がいたなら、その人を私にお与えください。まだその時期が来ていなければ、その時期で結構です」

そうした謙虚な祈りが大事であって、「相手を、自分の思うままに、思う時期に、思うようにしよう」というような祈りは完全な間違いです。この点について、私は特に言っておきたいと思います。

5　心の平安

祈《いの》りの本質について話をしてきましたが、祈りもあまり毎日毎日、行《おこな》っていると、それがまた心の平安を害することにもなりかねません。一つの執着《しゅうちゃく》となるからです。人間の願い事というものは、数限りなく出てくるものですが、たいていの人間は、そうした願い事というものを同時にそう多くは持っていません。たいてい、いちばん強い願い事が一つあり、次に「その次」ぐらいの願い事が二つ三つあるのが普通《ふつう》です。そして、いちばん強い願い事を、日夜《にちや》、祈っていると、それがまた執着になってくることがあって、心の平安を失いがちです。

そういう意味では、「時折、自分の願望を祈る」ということはあってもよいけれども、毎日毎日、祈るよりは、日々、神仏に感謝の祈りを捧《ささ》げるほうがよいと思います。日々、神仏に、「ご指導ありがとうございます。日々、私を生かしてくださってありがとうございます。今日も一日を与《あた》えてくださいましてありがとうございます」という謙虚《けんきょ》な祈りを捧げていて、時折、自《みずか》らの自己実現に関する祈りをするのがよいと私は思います。

そうではなくて、毎日毎日、「自分の思うようになってください」という祈りをするならば、これは雨乞《あまご》いと同じであって、非常に騒《さわ》がしい声を、毎日、天上界《てんじょうかい》の霊《れい》たちは聞いているのと同じです。「雨を降らせてほしい。雨を降らせてほしい」と言ったとしても、「今はそういう時期ではない」ということもあります。

そのように、あまり、自分の欲とかかわる祈りは、毎日毎日してはいけません。たまにするのはよろしいが、普段は感謝の祈りを中心にしていくことです。

「感謝の祈り」というものは、何かを求めるものではないのです。ただお返しをしていく行為《こうい》です。日ごろ、健康で生きているということ自体が、一つの奇跡《きせき》です。健康で幸福に生きているということは、一つの奇跡なのです。奇跡というのは、何かを変えられれば奇跡だというわけではありません。現在ただいまが奇跡であるのです。

「非常に健康で、多くの人たちに愛されながら幸せに生きている」ということは奇跡です。こうした奇跡に接したならば、それに対するお礼が大事です。「日々、多くの人たちの恩によって生きている自分」というものを発見したならば、その根源にある神仏への感謝を忘れないことだと思います。

そうした祈りを忘れないときに、心に大きな平安が訪《おとず》れます。

高級霊たちは、無所得のままに奉仕《ほうし》をしています。何をもらうでもなく、一生懸《いっしょうけん》命《めい》、地上の人間たちの幸せを願って生きています。守護霊《しゅごれい》たちもそうです。何を得ることもなく、本人を一途《いちず》に守護しています。そういう人たちに対して、やはり、大いなる感謝を持つべきです。

人に感謝をして、その人の頭が低くなったとしても、その人の地位が下がったり、その人の値打ちが下がることはありません。感謝をすることによって、人間は一段、二段と大きくなっていきます。多くの人のありがたさに気づくということは、それほど大事なことであるのです。

そのように、感謝の祈りを中心にした祈りを続けていくことが、心の平安につながり、神仏の思いや神仏の幸せ、神仏の光を心いっぱいに受けることとなっていきます。祈りの方向性が正しいかどうかは、自らの心が平安であるかどうかを確かめてみればよいのです。心が平安であれば、その祈りは正しい祈りです。

しかし、心が常に、悩《なや》みや苦しみ、嫉妬心《しっとしん》や猜疑心《さいぎしん》、怒《いか》りや妬《ねた》み、嫉《そね》みといったものでいっぱいのまま祈っても、その祈りは天には通じないと思わなければいけません。いくら、きれいで美しい祈り文句《もんく》を唱えたとしても、「その祈りをすることによって、自分の欲を叶《かな》えてほしい」というようなことであれば、そうした祈りは虚《むな》しいのです。天国まで届きませんし、届いたとしても聞き届けられません。

「常に、心の平安を忘れないように」ということを、私は特に言っておきたいと思います。

6　大調和への道

さて、本章の最後の節となりました。

いろいろな角度から話をしてきましたが、結局のところ、私は、「漏尽通力《ろじんつうりき》」を語ることによって、「大調和への道」を説いてきたのです。「大調和とは何なのか。大いなる調和への道とは、いったい何なのか」ということを説いてきたわけです。

人間は、ともすれば霊的《れいてき》世界を忘れ、この世のままに生きていきます。そして、霊的世界観・人生観というものを忘れていきます。そうしたことを忘れないがために、時たま、霊能者のような人が出て、あるいは、光の指導霊たちが出て、いろいろな奇跡《きせき》を起こしていきます。

ところが、そうした奇跡を起こすと、その奇跡にとらわれて、人間は足をすくわれていきます。奇跡にとらわれて、超能力信仰《ちょうのうりょくしんこう》に陥《おちい》ったり、欲望を募《つの》らせたり、摩《ま》訶《か》不思議な運命のいたずらのままに生きていく人生を送ったりすることになります。

大事なことは、「本当の世界の証明、実在界の証明をなしつつ、この世的にも素《す》晴《ば》らしく生きていくこと」です。「この世的にも素晴らしい」というのはどういう生き方かというと、「心が調和された生き方をする」ということです。

霊的能力を持って、この世的に成功することは、素晴らしいことであるとは言えますが、それは決して、「霊的な能力を持ちつつ、この世的な地位や肩書《かたがき》がある」ということを意味してはいません。「霊的能力を持ちながら、この世的に金銭を持っている」ということを意味しません。

大調和への道とは、決してそうしたことではなく、神仏に認められるような生き方をするということです。特殊《とくしゅ》な能力を持つことはあっても、それによってうぬぼれることなく、また卑下《ひげ》することもなく、人間としての大いなる完成を見ていくということです。より大きな心の境地、より寛大《かんだい》な心、より寛容な心、より多様な心、より優《すぐ》れた心、より優《やさ》しい心、より静かな心、より立派な心、より光に満ちた心をつくっていくということです。

例えば、社会的に偉《えら》くなるとか、人の上に立つというようなことは、その結果です。収入が増えるというようなことも、その結果です。「結果であって原因ではないと思いなさい。結果であって目的ではないと思いなさい」ということです。

その意味において、漏尽通力の極致《きょくち》は、結局のところ、「大いなる自己の心の調和」と、「自己が修行《しゅぎょう》し精進《しょうじん》していく過程における多くの人々との出会いのなかにおける大調和、全世界のユートピア化」というところにあるということです。

こうした大調和に至るための方法論として、私は本章で、「心の平静の大切さ」、そして、「神仏の心に適《かな》った祈《いの》りの大切さ」を説いたわけです。

どうか、自分が惨《みじ》めに思えたり、あまりにもうぬぼれていたり、心のなかが苦しくてしかたがないときは、まず、「心の平静」ということを心掛《こころが》けてみてください。

心の平静を心掛けることができたならば、「神仏への感謝」ということ、「感謝の祈り」ということをしてみてください。そして、「神仏の心に適った願い」というものを打ち出してみてください。

そこに、大いなる「発展への道」があるでしょう。そこに、「大調和への道」があるでしょう。そうしたことを語って、本章を閉《と》じるとしましょう。

第7章

『漏《ろ》尽《じん》通《つう》力《りき》』講義

一九八八年七月二十四日　説法《せっぽう》

東京都・幸福の科学研修ホールにて

1　漏尽通力《ろじんつうりき》とは

本書『漏尽通力《ろじんつうりき》』は、一つのテーマに絞《しぼ》り込《こ》んで話をしたものです。そのテーマとは、釈迦《しゃか》の神通力《じんつうりき》のなかでも最大の力と言われたものの一つである漏尽通力です。これを紹介《しょうかい》したわけです。

この漏尽通力というテーマに関しては、いまだ、これほど徹底《てってい》した文献《ぶんけん》が出たことはありません。また、これを考えるに際しての補強資料となるべきものも、地上には見当たりません。すべて、私自身の経験と霊的《れいてき》体験に基《もと》づいてつくられた書物であると言ってよいでしょう。

本書の副題には「現代的霊能力の極致《きょくち》」という題を付けてみましたが、霊能力がさまざまなかたちで百花繚乱《ひゃっかりょうらん》の様相を呈《てい》している現在、まさしく、今、求められているものこそ、釈迦の時代における漏尽通力の現代的展開であると、私は思うのです。

まず、何ゆえに、今、この漏尽通力ということが必要とされるのでしょうか。そのことを述べておきます。

前章までに語られているように、霊能力のなかには、「霊視《れいし》」や「霊言《れいげん》」、「霊聴《れいちょう》」、あるいは「他心通力《たしんつうりき》」、「予知能力」、「幽体離脱《ゆうたいりだつ》能力」など、さまざまなものがあるわけですが、漏尽通力とは、実は、そうした霊能力を足場にして、さらにその上に屋根をつくるための力でもあるのです。すなわち、さまざまな霊能力は、それ自体は一つの〝武器〟として有用ではあるのですが、残念ながら、その剣《けん》の使い方を誤った際には両刃《もろは》の剣《つるぎ》となり、使う人自身を傷つけるだけでなく、周りにいる人をも傷つけることになります。

そのため、「これらの霊的能力をひとまとめにして統御《とうぎょ》する能力」というものが必要になってくるわけなのです。

したがって、漏尽通力という霊的能力は、その基礎《きそ》に二つの内容を含《ふく》んでいると言えます。

第一の能力は、さまざまなる霊能力をすべて十分に使いこなせるという「操縦能力」「切り替《か》え能力」です。さまざまな霊能力を使い分けられ、またそれをどの程度の強さで、どのように使用するか、これらをまとめうる力です。

漏尽通力の第二の面とは、実は、地上に降りた人間にとって、本来の世界にある思想および行動能力を三次元的に展開していくための最大の方法論であるということです。

今、幸福の科学では、私の説く仏法真理《ぶっぽうしんり》を中心に、さまざまな霊言・霊示集《れいじしゅう》等を通して地上に仏国土《ぶっこくど》ユートピアをつくることを目指していますが、地上に仏国土ユートピアをつくるためには、「霊的世界の法則性」と「地上界の法則性」の違《ちが》いを違いとして認めた上で、これらに架橋《かきょう》するだけの理論が必要になります。この架橋理論が、実は漏尽通力に当たるわけです。

ここでは一般《いっぱん》的には見慣れない「漏尽」という非常に古い言葉を使っていますが、これを別な言葉で言うとするならば「架橋能力」とも言うべきものなのです。すなわち、現代的には、実在界とこの現象界との間に橋を渡《わた》す「架橋能力」であると言い換《か》えてもよいでしょう。

2　漏尽通力《ろじんつうりき》の現実への適用

「実在界と地上界との間に橋を架《か》ける能力としての漏尽通力《ろじんつうりき》」という話をしました。

では、この漏尽通力の現実への適用面ではいかなる問題があるのか、また、いかなる課題があるのかということについて語っておきたいと思います。これを現実に適用する場合に起きる問題としては、次の三つが考えられます。

①霊的《れいてき》世界の感覚と肉体的感覚との調和

第一は、「霊的《れいてき》世界の感覚と現実的な五感とをどう調和させるか」という問題です。

すなわち、例えば、霊視《れいし》能力というものがあると、さまざまな霊の姿、霊姿《れいし》が視《み》えます。また、霊姿のみならず、オーラが視えたり、いろいろな霊的雰囲気《ふんいき》を感じ取る能力が得られます。こうした五感ならざる感覚が発達したときに、現実の肉体的感覚においてもかなりの不快感が出てくるのです。

さあ、これをいったいどのように断《た》ち切るべきでしょうか。そこが大事になるわけですが、肝心《かんじん》な点としては、まず、「霊的知識をしっかりと持っている」ということが挙げられます。

さまざまな霊現象を見て心が動揺《どうよう》する理由は、それを異様なものと感じ取り、自分の経験の範疇《はんちゅう》にないことだと驚《おどろ》くところによるのです。

それゆえに、「霊的現象の説明が自分の心に納得《なっとく》のいく方法で理解できる」ということが、実は最初の段階にあるわけです。さまざまな霊の姿が視えたり、声が聞こえたりといったことがあったとしても、その現象を自分なりに説明し尽くせるかどうか、一瞬《いっしゅん》にして納得がいくような説明をしうるかどうかが大事なのです。

このような能力がなかったり、霊的知識がない人であるならば、例えば「墓場《はかば》で幽霊《ゆうれい》を見た」とか「夜中に自分の枕元《まくらもと》に立った」といったことで非常に狼狽《ろうばい》したりするのかもしれませんが、霊的世界の真相を知ってしまうと、幽霊を見たところで何も感じなくなります。不思議でも何でもないのです。

むしろ、彼らが今、何ゆえにそうした状態になっているのかということが一瞬にして分かるわけであり、もう少し勉強するならば、どこが間違《まちが》っているのか、心の誤りがいったいどこにあるのかなどが分かるようになります。幽霊を見たとしても、一瞬にして、彼らの過《あやま》ちが分かり、彼らに何を諭《さと》せばよいのかが分かってくるのです。したがって、そうした霊姿、霊的な姿が見えたとしても、何ら恐《おそ》れることはないわけです。

それゆえに、漏尽通力を現実において適用する能力としては、第一に「霊的知識の充実《じゅうじつ》、仏法真理《ぶっぽうしんり》知識の充実」ということを挙げておきたいと思います。

②直観力が異常に働き始め、「地上の時間」とズレたときの対応

漏尽通力が現実への適用をされる際に現れる第二の問題点は、「直観力が異常に働き始める」ということです。

この直観力とは「物事の本質を洞察《どうさつ》する力」でもあります。物事の本質を洞察し、さまざまなことが分かる力です。例えば、「人の考えていることが分かる」、「仕事において核心《かくしん》の部分が分かる」、「会議において結論が先に見える」というようなことがあるわけです。

さて、このときに次なる問題として出てくるのは、「『地上の時間』と『霊的直観の時間』では、時間的なズレがある」ということです。地上人にとっては、時間は非常にゆっくりと流れています。それは、まるでよどんだ川の流れのように、ゆっくりゆっくりと流れているのですが、そうした霊的能力を持った人間にとっては、結論はたいていの場合、一秒、すなわち瞬時のうちに出るのであり、霊的直観が鋭《するど》

く働くようになるわけです。また、その直観の裏づけには「高級霊界《れいかい》からの指導」というものがあります。

このように結論の見える人間には現実社会がいったいどのように見えるかというと、非常に異様な雰囲気、〝スローモーション〟で動いているような雰囲気に見えるのです。

したがって、第二の問題として現れる事象には次なる展開が必要となってきます。すなわち、「どのように他の人が感じているかを知る」という能力が求められるのです。

自分自身の感じのみをよしとするのでは足りません。他の人は、自分が感じていること、あるいは思っている結論のところまで、瞬時に行き着けるわけはないのであって、「他の人がその結論に行き着くには、いったいどれだけの時間がかかるのか。どれだけの説明が必要なのか」ということを見抜《みぬ》く必要があるのです。

これは、実は、「対機説法《たいきせっぽう》能力」とも非常に関係があります。

悟《さと》った人間が自分の悟りを性急に教えようとしても、他の人にはなかなか分からないため、伝道の過程においてはさまざまな問題が起きてくるのです。

ただ、現代の信仰者《しんこうしゃ》だけがそうした問題を抱《かか》えているわけではありません。過去、二千数百年前に釈迦《しゃか》が伝道を開始したときにも、この問題でいったんはつまずいています。

すなわち、自分の悟りを他の人々に対して性急に教えようとしたものの、まったく教化《きょうけ》することができず、帰依《きえ》させることもできないという現実があったわけなのです。

結局、ここが、対機説法が必要となってくる局面であると言えます。要するに、「他の人がどう感じるか」ということです。「視点を自分ではなく、他の人の心のなかに置いてみたときに、どのように自分のことが見えるか」という判断が必要になるのです。これができなければ、漏尽通力は完成しません。

③霊的世界への憧《あこが》れをいかに現実生活と合致《がっち》させるか

漏尽通力を現実に適用するときに、第三の問題として挙げられるべきものは、「霊的世界への憧《あこが》れを、いかに、現実生活の日々と合致《がっち》させるか」ということです。

高度な霊能力を持って、霊人《れいじん》たちと話をするようになると、人生観がどうしてもあの世的にならざるをえないところがあります。そして、あの世の実相世界に憧れるようになるのは人情の常なのです。

それゆえに、こうした霊的感覚に酔《よ》いながらも、「現実生活の意味をいかにして見いだしていくか」ということが三番目の問題として出てくるわけです。

霊的世界に対する視野が開けた場合、一瞬にして、「現実」というものが〝淡《あわ》い色〟に変わっていくことがあります。変色して〝セピア色〟に変わった写真のごとく、「現実」というものが〝淡くぼやけた色〟に見えてくることがあります。このぼやけた現実に、いかにして生気を吹《ふ》き込《こ》むかということが大事になるのです。

あの世的な人間になり切ってしまうのではなく、この世のなかにおいて、いかなる真実を発見するか。この世の生活のなかにおいてもキラキラと輝《かがや》く魂《たましい》の光をどう発見していくか、心の糧《かて》をいかにして得ていくか。

そのようなことが大事になってくるわけなのです。

この三番目の問題点を克服《こくふく》できないかぎり、漏尽通力は決して完成しないし、また霊的能力を駆使《くし》できる人であっても、この世的な幸福というものを完全に享受《きょうじゅ》することができないのです。

現実問題としては、以上の三つを参考にしてください。

3　悟《さと》りと漏尽通力《ろじんつうりき》

さて、次なる問題は、「いわゆる『悟《さと》り』と称《しょう》されているものと漏尽通力《ろじんつうりき》とは関係があるのか、ないのか」ということです。

結論から言うとするならば、「漏尽通力というものは、悟りを支えるための背骨の役割を果たしている」のです。

人々は、「悟り」という言葉に対して抽象《ちゅうしょう》的な意味づけを与《あた》え、またそれを瞬間《しゅんかん》的なるものと捉《とら》えがちです。

禅宗《ぜんしゅう》においてもそうであって、悟りとは「発見の悦《よろこ》び」、あるいは「魂《たましい》が煌《きら》めいたときの悦び」を言うことが多いようですが、残念ながら、こうした悦びを伴《ともな》う悟りも感動が長続きしないという欠点があります。そして、その悦びという名の至福の瞬間が、人生の途中《とちゅう》で、あるときに訪《おとず》れることがあったとしても、だんだんにその幸福感覚が薄《うす》れていくわけです。いったんは自《みずか》らが「悟った」と思っても、その悟りの中身というものがだんだんに流れ去り、分からなくなっていくのです。

この「悟りに伴う幸福感」を最大限に享受《きょうじゅ》しつつ、それを人生の長きにわたって味わい続けるために、漏尽通力というものがあるのです。それゆえに、「漏尽通力は悟りの背骨に当たる」と、私は言っているのです。この背骨があってこそ、他の肉体諸器官も発達していくわけです。

悟りの悦びというものを長く味わうためには、さまざまなる現実の波、風を受けながら、「動かざる自分」というものを持ち続ける必要があります。この「動かざる自分」「不動の自分」「神仏の子である自分」「流れていくもの、過ぎ去っていくもののなかにあって、過ぎ去らざる自分」というものを保持し、維持《いじ》していくために、漏尽通力が必要となってくるわけです。これは、霊能力《れいのうりょく》として最大のものであり、現実への適用能力を含《ふく》めた力でもあります。

したがって、漏尽通力は、悟りそのものではありませんが、「悟りの中心部分をなすもの、背骨をなすもの、骨格をつくるための大切な柱である」と言い切ってよいと考えます。

4　漏尽通力《ろじんつうりき》と観自在力《かんじざいりき》

さらに次なるテーマとして、「漏尽通力《ろじんつうりき》と観自在力《かんじざいりき》」について話をしておきたいと思います。本書『漏尽通力』のなかでも「観自在能力」ということで説明が入っています。この観自在力については、また時を改めて一冊のテーマとして書物をつくりたいと考えています。

では、現代において漏尽通力と観自在力の関係をどう考えるのか、どのように理解すればよいのかということについて、私の見解を明らかにしておきたいと思います。

それは、観自在力と漏尽通力は、「内に向かうベクトル」と「外に向かうベクトル」という相反《あいはん》するベクトルを意味すると同時に、両者のベクトルの釣《つ》り合いを取れることが人間性の安定感となるということです。

これがどういう意味を持っているのでしょうか。霊的《れいてき》能力が開発され、発展していくにつれて、さまざまなことが分かるようになっていきます。人の気持ちはもちろんのこと、実在界の諸霊の姿や考え方、あるいは現実に自分の周りにはない世界が視《み》えてきたり、また過去の事実が分かったり、未来のことについてある程度の予知ができたりと、さまざまな現象が起きてきます。さらに、拍車《はくしゃ》をかければ、どんどんどんどんと進んでいくことになります。

この「現実に立つ自分」という肉身のわれを考えたときに、観自在能力が巨大化《きょだい》することによって、人格のバランスを崩《くず》すことにもなっていきます。それゆえに、観自在能力が高まれば高まるほど漏尽通力がまた強くなっていく必要があるのです。

この両能力は、霊的能力を駆使《くし》するという面において共通していますが、「外に向かうもの」と「内に向かうもの」という二つの方向性がある点で違《ちが》っているわけです。つまり、観自在力が「外を見ていく能力」であるのに対し、漏尽通力は「自分の内をどのように引き締《し》めていくか」「自分の内部をどのようにつくっていくか」といった自己確立ということと非常に大きな関係があるのです。

霊的能力自体は、自力だけではなく他力《たりき》によって開かれる面もそうとうあります。しかしながら、この漏尽通力という霊的能力は、他力だけによって得られることは決してありません。これは、あくまでも、「自分づくり」「自己づくり」に伴《ともな》って現れてくる能力であるのです。

それゆえに、心しなければならないこととしては、観自在力が高まってくればくるほど、自分づくりに力を配分していくことが必要になってくるわけです。

5　修行《しゅぎょう》の本道

さて、霊的《れいてき》能力の高まりとともに、自己内部の研鑽《けんさん》、自己確立ということがどうしても必要になり、「確立すべき自己」も次第《しだい》しだいに大きくなっていきます。要求されるものもまた、大きくなっていくわけです。

ここにおいて、ある人は孔子《こうし》のごとき「人間完成の道」を考えることもあるでしょう。あるいはレオナルド・ダ・ヴィンチやスウェーデンボルグのような方を考えることもあるでしょう。また、プラトンやソクラテスといった方を考えることもあるでしょう。

いずれにせよ、私たちが大切にしなければいけない指標とは、いったい何でしょうか。それは、霊的能力が伸《の》びていくことを実感できたとしても、その伸びを実感すればするほどに、この世的にも世の人々のためになるような業績・実績を遺《のこ》していかねばならないということなのです。

この部分でバランスが取れないと、やはり安定を欠くようになっていくわけです。霊的能力の発展が確認できればできるほど、この世において愛を還元《かんげん》していく、自分の幸せを還元していくことが大事になります。

それゆえに、進んだ修行者《しゅぎょうしゃ》であればあるほど、自《みずか》らが生かされていることへの感謝、また、自分がそのような恵《めぐ》まれた能力を与《あた》えられたことに対する感謝を持って、これを世に、人々に還元していく方法を取っていかなければならないのです。

これが、ある面では、ダ・ヴィンチのような芸術となる場合もあるでしょうし、スウェーデンボルグのような現実でのさまざまな発明・発見や霊界《れいかい》ものの書物を含《ふく》めて百五十冊も書くこととなったり、プラトンのような哲学《てつがく》体系になったりしたかもしれません。彼らに共通しているものは、自分自身の霊的能力を伸ばし、自己満足に耽《ふけ》るのではなく、それで得たものを知的遺産、霊的遺産として後世の人々に遺そうとして努力したということです。また、同時代人に対する教育という効果やその他の効果によって、自分の得たものを流布《るふ》していこうとした点、彼らにも享受《きょうじゅ》できる機会を与えようと努力した点が発見されるのです。

すなわち、ここに、単に滝行《たきぎょう》をしたり千日回峰行《せんにちかいほうぎょう》をしたりして「悟《さと》りを得た」と自称《じしょう》している天狗《てんぐ》たちとの違《ちが》いがあります。悟れば悟るほどに、霊的能力を伸ばせば伸ばすほどに、より多くの愛が無限に湧《わ》き出て、多くの人々に還元せざるをえなくなるような自分となっていかなければならないのです。

この部分が欠けている人であるならば、霊的能力の発展そのものをも疑っていく必要があります。それは、違った方向に曲がっていくこともありうるからです。

霊的能力の発展は、他の人によってはなかなか確認することができません。これは自分だけの自己確認であります。

それゆえに、この「愛の還元」の部分、「現実生活への適用」の部分をこそ、あなたがたは、日々点検し、確認していかなければならないのです。これは、人間の目で確認できることなのです。

どれだけ多くの人を幸せにしたか。彼らによき感化を与えて教育しえたか。また、人生に迷っている人に対して一転語《いってんご》を与え、救うことができたか。

そうしたことを考えてほしいと思います。そこに修行の本道があるのです。

あとがき

本書は霊能力の全体像を説き、悟りに至る道を歩む者への手引書とするために編まれたものです。

第1章の「霊的人生観」、第2章の「霊的現象論」は、本書のガイダンス的な部分であり、初心者にもよくわかるように書かれています。第3章「霊能力の諸相」、第4章「漏尽通力」は、本書の核の部分であり、真理学習者にとっては上級用の内容を含んでいると考えます。第5章「仏法真理と学習」、第6章「心の平静と祈り」は、漏尽通力の実践面への展開であり、一般人にもわかる内容となっていると思います。

とまれ、釈迦仏教の精髄の一つを、現時代において公開できたことは、私にとって大いなる喜びであります。

一九八八年　三月

幸福《こうふく》の科学《かがく》グループ創始者兼総裁《そうししゃけんそうさい》　大川隆法《おおかわりゅうほう》

『漏尽通力』関連書籍

『太陽の法』（大川隆法 著　幸福の科学出版刊）

『青銅の法』（同右）

『正義の法』（同右）

『ダイナマイト思考』（同右）

本書は一九八八年発刊された旧版を
改訂したものです。

漏尽通力《ろじんつうりき》――現代的霊能力の極致――

2020年 4 月27日　初版第 1 刷

著　者　　大《おお》川《かわ》隆《りゅう》法《ほう》

発行所　　幸福の科学出版株式会社

〒107-0052 東京都港区赤坂 2 丁目 10 番 8 号
TEL(03)5573-7700
https://www.irhpress.co.jp/

印刷・製本　株式会社 堀内印刷所

落丁・乱丁本はおとりかえいたします

ISBN978-4-8233-0171-1 C0014
カバー，帯 Phatthanit/Shutterstock.com
カバー Dmitriy Rybin/Shutterstock.com ／ Ryan DeBerardinis/Shutterstock.com
装丁・イラスト・写真（上記・パブリックドメインを除く）© 幸福の科学

大川隆法 法シリーズ・人生の目的と使命を知る《基本三法》

太陽の法

エル・カンターレへの道

創世記や愛の段階、悟りの構造、文明の流転を明快に説き、主エル・カンターレの真実の使命を示した、仏法真理の基本書。14言語に翻訳され、世界累計1000万部を超える大ベストセラー。

第１章　太陽の昇る時
第２章　仏法真理は語る
第３章　愛の大河
第４章　悟りの極致
第５章　黄金の時代
第６章　エル・カンターレへの道

2,000円

黄金の法

エル・カンターレの歴史観

歴史上の偉人たちの活躍を鳥瞰しつつ、隠されていた人類の秘史を公開し、人類の未来をも予言した、空前絶後の人類史。

2,000円

永遠の法

エル・カンターレの世界観

『太陽の法』（法体系）、『黄金の法』（時間論）に続いて、本書は、空間論を開示し、次元構造など、霊界の真の姿を明確に解き明かす。

2,000円

※表示価格は本体価格（税別）です。

大川隆法 ベストセラーズ・心の修行の指針

真のエクソシスト

身体が重い、抑うつ、悪夢、金縛り、幻聴――。それは悪霊による「憑依」かもしれない。フィクションを超えた最先端のエクソシスト論、ついに公開。

1,600円

真実の霊能者

マスターの条件を考える

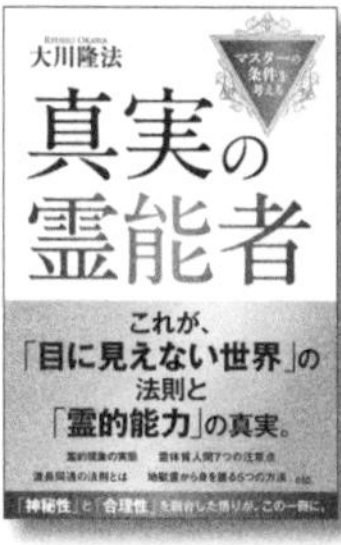

霊能力や宗教現象の「真贋《しんがん》」を見分ける基準はある――。唯物論や不可知論ではなく、「目に見えない世界の法則」を知ることで、真実の人生が始まる。

1,600円

悪魔からの防衛術

「リアル・エクソシズム」入門

現代の「心理学」や「法律学」の奥にある、霊的な「正義」と「悪」の諸相が明らかに。"目に見えない脅威"から、あなたの人生を護る降魔入門。

1,600円

生霊論

運命向上の智慧と秘術

人生に、直接的・間接的に影響を与える生霊――。「さまざまな生霊現象」「影響を受けない対策」「自分がならないための心構え」が分かる必読の一書。

1,600円

※表示価格は本体価格(税別)です。

モナコ国際映画祭2020
最優秀作品賞
（エンジェル・トロフィー賞）
モナコ国際映画祭2020
最優秀主演女優賞
モナコ国際映画祭2020
最優秀助演女優賞
モナコ国際映画祭2020
最優秀VFX賞
エコ国際映画祭2020
inナイジェリア
最優秀作品賞
エコ国際映画祭2020
inナイジェリア
最優秀助演女優賞
心の闇を、打ち破る。
心霊喫茶
「エクストラ」の秘密
—THE REAL EXORCIST—
製作総指揮・原作／大川隆法
千眼美子
伊良子未來　希島凛　日向丈　長谷川奈央　大浦龍宇一　芦川よしみ　折井あゆみ
監督／小田正鏡　脚本／大川咲也加　音楽／水澤有一　製作／幸福の科学出版　製作協力／ARI Production ニュースター・プロダクション
制作プロダクション／ジャンゴフィルム　配給／日活　配給協力／東京テアトル　©2020 IRH Press　cafe-extra.jp
2020年5月15日（金）ロードショー

幸福の科学グループのご案内

宗教、教育、政治、出版などの活動を通じて、地球的ユートピアの実現を目指しています。

幸福の科学

一九八六年に立宗。信仰の対象は、地球系霊団の最高大霊、主エル・カンターレ。世界百カ国以上の国々に信者を持ち、全人類救済という尊い使命のもと、信者は、「愛」と「悟り」と「ユートピア建設」の教えの実践、伝道に励んでいます。

（二〇二〇年四月現在）

愛

幸福の科学の「愛」とは、与える愛です。これは、仏教の慈悲《じひ》や布施《ふせ》の精神と同じことです。信者は、仏法真理をお伝えすることを通して、多くの方に幸福な人生を送っていただくための活動に励んでいます。

悟り

「悟り」とは、自らが仏の子であることを知るということです。教学《きょうがく》や精神統一によって心を磨き、智慧《ちえ》を得て悩みを解決すると共に、天使・菩薩《ぼさつ》の境地を目指し、より多くの人を救える力を身につけていきます。

ユートピア建設

私たち人間は、地上に理想世界を建設するという尊い使命を持って生まれてきています。社会の悪を押しとどめ、善を推し進めるために、信者はさまざまな活動に積極的に参加しています。

国内外の世界で貧困や災害、心の病で苦しんでいる人々に対しては、現地メンバーや支援団体と連携して、物心両面にわたり、あらゆる手段で手を差し伸べています。

年間約２万人の自殺者を減らすため、全国各地で街頭キャンペーンを展開しています。

公式サイト　www.withyou-hs.net

ヘレン・ケラーを理想として活動する、ハンディキャップを持つ方とボランティアの会です。視聴覚障害者、肢体不自由な方々に仏法真理を学んでいただくための、さまざまなサポートをしています。

公式サイト　www.helen-hs.net

入会のご案内

幸福の科学では、大川隆法総裁が説く仏法真理《ぶっぽうしんり》をもとに、「どうすれば幸福になれるのか、また、他の人を幸福にできるのか」を学び、実践しています。

入会
仏法真理を学んでみたい方へ

大川隆法総裁の教えを信じ、学ぼうとする方なら、どなたでも入会できます。入会された方には、『入会版「正心法語《しょうしんほうご》」』が授与されます。

ネット入会　入会ご希望の方はネットからも入会できます。
happy-science.jp/joinus

三帰《さんき》誓願《せいがん》
信仰をさらに深めたい方へ

仏弟子としてさらに信仰を深めたい方は、仏《ぶっ》・法《ぽう》・僧《そう》の三宝《さんぽう》への帰依を誓う「三帰誓願式」を受けることができます。三帰誓願者には、『仏説・正心法語』『祈願文《きがんもん》①』『祈願文②』『エル・カンターレへの祈り』が授与されます。

幸福の科学 サービスセンター
TEL 03-5793-1727（受付時間／火～金：10～20時　土・日祝：10～18時（月曜を除く））

幸福の科学 公式サイト
happy-science.jp

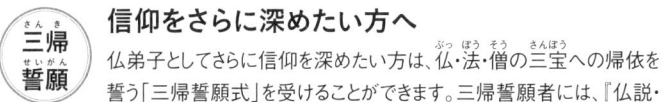

ハッピー・サイエンス・ユニバーシティ

Happy Science University

ハッピー・サイエンス・ユニバーシティとは

ハッピー・サイエンス・ユニバーシティ（HSU）は、大川隆法総裁が設立された「現代の松下村塾」であり、「日本発の本格私学」です。建学の精神として「幸福の探究と新文明の創造」を掲げ、チャレンジ精神にあふれ、新時代を切り拓く人材の輩出を目指します。

人間幸福学部　経営成功学部　未来産業学部

HSU長生キャンパス TEL **0475-32-7770**
〒299-4325　千葉県長生郡長生村一松丙 4427-1

未来創造学部

HSU未来創造・東京キャンパス
TEL **03-3699-7707**
〒136-0076　東京都江東区南砂2-6-5　公式サイト **happy-science.university**

学校法人 幸福の科学学園

学校法人 幸福の科学学園は、幸福の科学の教育理念のもとにつくられた教育機関です。人間にとって最も大切な宗教教育の導入を通じて精神性を高めながら、ユートピア建設に貢献する人材輩出を目指しています。

幸福の科学学園

中学校・高等学校（那須本校）
2010年4月開校・栃木県那須郡（男女共学・全寮制）
TEL **0287-75-7777** 公式サイト **happy-science.ac.jp**

関西中学校・高等学校（関西校）
2013年4月開校・滋賀県大津市（男女共学・寮及び通学）
TEL **077-573-7774** 公式サイト **kansai.happy-science.ac.jp**

幸福実現党

内憂外患《ないゆうがいかん》の国難に立ち向かうべく、2009年5月に幸福実現党を立党しました。創立者である大川隆法党総裁の精神的指導のもと、宗教だけでは解決できない問題に取り組み、幸福を具体化するための力になっています。

幸福実現党 釈量子サイト shaku-ryoko.net
Twitter 釈量子@shakuryokoで検索

党の機関紙
「幸福実現NEWS」

幸福実現党 党員募集中

あなたも幸福を実現する政治に参画しませんか。

○幸福実現党の理念と綱領、政策に賛同する18歳以上の方なら、どなたでも参加いただけます。
○党費：正党員（年額5千円［学生 年額2千円］）、特別党員（年額10万円以上）、家族党員（年額2千円）
○党員資格は党費を入金された日から1年間です。
○正党員、特別党員の皆様には機関紙「幸福実現NEWS（党員版）」（不定期発行）が送付されます。

＊申込書は、下記、幸福実現党公式サイトでダウンロードできます。
住所：〒107-0052 東京都港区赤坂2-10-8 6階 幸福実現党本部
TEL 03-6441-0754 FAX 03-6441-0764
公式サイト hr-party.jp

幸福の科学出版

大川隆法総裁の仏法真理の書を中心に、ビジネス、自己啓発、小説など、さまざまなジャンルの書籍・雑誌を出版しています。他にも、映画事業、文学・学術発展のための振興事業、テレビ・ラジオ番組の提供など、幸福の科学文化を広げる事業を行っています。

アー・ユー・ハッピー？
are-you-happy.com

ザ・リバティ
the-liberty.com

幸福の科学出版
TEL **03-5573-7700**
公式サイト **irhpress.co.jp**

THE FACT **ザ・ファクト**
マスコミが報道しない「事実」を世界に伝えるネット・オピニオン番組

ザ・ファクト 検索

NEW STAR PRODUCTION

ニュースター・プロダクション

「新時代の美」を創造する芸能プロダクションです。多くの方々に良き感化を与えられるような魅力あふれるタレントを世に送り出すべく、日々、活動しています。 公式サイト **newstarpro.co.jp**

ARI Production

ARI《アリ》 Production《プロダクション》

タレント一人ひとりの個性や魅力を引き出し、「新時代を創造するエンターテインメント」をコンセプトに、世の中に精神的価値のある作品を提供していく芸能プロダクションです。 公式サイト **aripro.co.jp**

大川隆法　講演会のご案内

大川隆法総裁の講演会が全国各地で開催されています。講演のなかでは、毎回、「世界教師」としての立場から、幸福な人生を生きるための心の教えをはじめ、世界各地で起きている宗教対立、紛争、国際政治や経済といった時事問題に対する指針など、日本と世界がさらなる繁栄の未来を実現するための道筋が示されています。

2019年12月17日 さいたまスーパーアリーナ「新しき繁栄の時代へ」

2019年10月6日 ザ ウェスティン ハーバーキャッスル トロント(カナダ)「The Reason We Are Here」

2019年7月5日 福岡国際センター「人生に自信を持て」

2019年3月3日 グランド ハイアット 台北(台湾)「愛は憎しみを超えて」

2019年7月13日 ホテル イースト21 東京「幸福への論点」

講演会には、どなたでもご参加いただけます。
最新の講演会の開催情報はこちらへ。⟹ 大川隆法総裁公式サイト https://ryuho-okawa.org